板書で見る 理科

全単元・全時間の授業のすべて

中学校 **1**年

山口晃弘・髙田太樹・前川哲也・
新井直志・上田 尊 編著

東洋館
出版社

まえがき

　本書は、中学校3年間で学習する全時間を、1時間ごとに区切って流れを明らかにしている。

　編集にあたっては、新しい学習指導要領の改訂の意図に沿うことを前提にしつつ、以下の点に配慮した。

- ・1時間2ページ構成で、具体的な学習指導の流れを4コマで示す。また、その際、授業者や生徒の台詞を付け加える。
- ・板書例やワークシート例を示し、理科の見方や考え方、主体的・対話的で深い学びに関わる生徒の活動を盛り込む。
- ・学習のまとまりごとに指導計画と1時間ごとの本時案を載せる。本時案の評価は、記録に残す評価と指導に生かす評価に区別して示す。

　使っている教材は教科書に掲載されている標準的なものである。料理に例えれば、「豪華なパーティ向けの特別な食材を使ったごちそう」の対極にあるような「栄養のバランスに配慮した家庭向けの日常食」である。経験の少ない教員でもできるようなものばかり選んでいる。指導計画を作る際に必ず役立つ。

　さて、学校はコロナ渦にある。ほとんどの学校は、令和2年3月から約3か月間、臨時協業と外出自粛を求められるという困難な状況を経験し、その後、事態の収束が見通せない中、授業を続けている。「学び」を止めるわけにはいかない以上、感染拡大を防止しつつ、観察・実験や話し合いなど、人と人とのつながりを維持する取り組みを工夫している。その中で、令和3年度以降の理科授業では、生徒の手元に一人一台の情報端末がある。

　一人一台の情報端末は、授業の進め方、本書で言えば板書やワークシートの在り方を大きく変える可能性をはらんでいる。旧来型の「板書された内容を一文字も間違えずにノートにうつす」といった知識注入型の授業は遠くにかすんでしまう。すでに、教員も児童生徒も新たな学習の可能性に気付き始めている。本書は必ずしも一人一台の情報端末を前提とした授業を紹介しているわけではない。しかし、本書で授業や流れの方向性や評価の方法をつかめば、一人一台の情報端末が有効に働く。本書を使うことで、生徒が「理科の見方・考え方」を自在に働かせて、主体的・対話的で深い学びを実現し、科学的に探究するために必要な資質・能力を身に付けられることを望んでいる。

　本書が、すでに教壇に立っている先生方はもちろん、授業の支援や指導助手の役割を担う方々や、これから教師を目指している方々にとって、理科の授業力向上の役に立てば、幸いである。

令和3年2月

編集者代表　山口晃弘

本書活用のポイント―単元構想ページ―

　本書は、各学年の全単元・全時間について、単元全体の構想と各時間の板書のイメージを中心とした本時案を紹介しています。各単元の冒頭にある単元構想ページの活用のポイントは次のとおりです。

単元名

　単元の並び方は、平成29年告示の学習指導要領に記載されている順番で示しています。実際に授業を行う順番は、各学校のカリキュラム・マネジメントに基づいて工夫してください。

単元の目標

　単元の目標は、平成29年告示の学習指導要領から抜粋しています。各単元で身に付けさせたい資質・能力の全体像を押さえておきましょう。

評価規準

　ここでは、指導要録などの記録に残すための評価を取り上げています。本書では、記録に残すための評価は色付きの太字で統一しています。本時案の評価も、本ページの評価規準とあわせて確認することで、より単元全体を意識した授業づくりができるようになります。

第 1 分野 (6)(ア)

4 水溶液とイオン 〔17時間扱い〕

単元の目標

　様々な水溶液に適切な電圧をかけ、水溶液の電気伝導性や電極に生成する物質を調べる観察、実験や酸とアルカリの性質を調べる観察、実験及び中和反応の観察、実験を行い、その結果を分析して解釈し、イオンの存在やその生成や原子の成り立ちに関係することを理解させるとともに、酸とアルカリの特性や中和反応をイオンのモデルと関連付けて理解させる。

評価規準

知識・技能	思考・判断・表現	主体的に学習に取り組む態度
化学変化をイオンのモデルと関連付けながら、原子の成り立ちとイオン、酸・アルカリ、中和と塩についての基本的な概念や原理・法則などを理解しているとともに、科学的に探究するために必要な観察、実験などに関する基本操作や記録などの基本的な技能を身に付けている。	水溶液とイオンについて、見通しをもって観察、実験などを行い、イオンと関連付けてその結果を分析して解釈し、化学変化における規則性や関係性を見いだして表現しているとともに、探究の過程を振り返るなど、科学的に探究している。	水溶液とイオンに関する事物・現象に進んで関わり、見通しをもったり振り返ったりするなど、科学的に探究しようとしている。

既習事項とのつながり

(1)中学校2年:「化学変化と原子・分子」では、物質は原子や分子からできていることを学習している。原子の内部の構造については、第3学年で初めて学習する。

(2)中学校2年:「電流とその利用」では、電流が電子の移動に関連していることを学習している。原子の成り立ちとイオンを学習する際は、第2学年で学んだ電子と関連付けるようにする。

指導のポイント

　ここではまず、原子が＋の電荷をもった陽子と－の電荷をもった電子からできており、電気的中性が保たれていること、電子の授受によって電気を帯びることなど、イオンの概念を形成させることが重要である。こうした基本的な概念の理解が、酸、アルカリと中和、金属のイオンへのなりやすさのちがい、電池の基本的な仕組みの学習において、大変重要になる。

(1)本単元で働かせる見方・考え方

　第1学年の微視的な粒子、第2学年の原子、分子を経て、ここでは、初めて学ぶイオンの概念を定着させることが求められる。その上で、事象を微視的にとらえ、性質を比較したり、イオンの数と液性の関係を検討したりすることが大切である。イオンのモデルは「化学変化と電池」の学習を見通し、汎用的なものを提示したい。

既習事項とのつながり

　小学校で既に学習している内容や、中学校の別の単元で学習する内容を関連事項として示しています。つながりを意識しながら指導することで、より系統性のある学びを実現することができます。

ここでは、各単元の指導のポイントを示しています。

(1)**本単元で働かせる「見方・考え方」**
では、領域ごとに例示されている「見方」、学年ごとに例示されている「考え方」を踏まえて、本単元では主にどのような見方・考え方を働かせると、資質・能力を育成することができるのかということを解説しています。

(2)**本単元における「主体的・対話的で深い学び」** では、本単元の授業において、「主体的な学び」「対話的な学び」「深い学び」を実現するために、授業においておさえるべきポイントを示しています。

(2)**本単元における主体的・対話的で深い学び**

酸、アルカリの正体は何か、酸性の水溶液とアルカリ性の水溶液を混合したらどうなるか、といった課題はイオンのモデルを活用して話し合う場面を設定しやすい。ホワイトボードや自作のイオンのモデルを活用すれば、対話を通して考えを練り上げる機会を設定することができる。また、課題解決への見通しをもたせることで、観察、実験にのぞむ姿勢はより主体的になることが期待される。

指導計画（全17時間）

⑦ 原子の成り立ちとイオン（7時間）

時	主な学習活動	評価規準
1	比較 実験「様々な水溶液の電気伝導性を調べる」	(知)
2	電解質と非電解質とが何であるかを理解する。	(知)
3	実験「塩酸に電流を流す実験（電気分解）を行う」	(思)
4	電気をもった粒子（イオン）が存在することを理解する。	知
5	原子の基本的な構造を理解する。	知
6	陽イオンと陰イオンについて理解し、記号を用いて表す。	知
7	電解質が水溶液中でどのように電離するかを理解する。	知

④ 酸・アルカリ（5時間）

時	主な学習活動	評価規準
8	実験「酸・アルカリの性質を調べる」	(思)
9	実験「身の回りの水溶液の性質を調べる」	(思)
10	酸・アルカリそれぞれに共通する性質を理解する。	知
11	実験「酸・アルカリの性質を決めているもの（電気泳動）」	思
12	振り返り 微視的 酸、アルカリの性質を決めているものを理解する。	(知) 態

⑦ 中和と塩（5時間）

時	主な学習活動	評価規準
13	対話的な学び 微視的 酸・アルカリを混ぜるとどうなるかの予想する。	(思)
14	実験「塩酸と水酸化ナトリウム水溶液の中和」	思
15	対話的な学び 微視的 実験のまとめ・中和の定義	知
16	実験「硫酸と水酸化バリウム水溶液の中和」	(思)
17	対話的な学び 微視的 中和について、イオンのモデルを用いて考察する。	思

079

単元の目標や評価規準、指導のポイントなどを押さえた上で、授業をどのように展開していくのかという大枠をここで押さえます。

また、それぞれの学習活動に対応する評価を右欄に示しています。ここでは、「評価規準」に挙げた記録に残すための評価に加え、本時案では必ずしも記録には残さないが指導に生かす評価も（ ）付きで示しています。本時案での詳細かつ具体的な評価の記述とあわせて確認することで、指導と評価の一体化を意識することが大切です。

アイコン一覧

本書では、特にその活動において重視したい「見方・考え方」「探究の過程」などを、アイコンとして示しています。以下は、その例です。

「見方」 量的 関係的 質的 実体的 共通性 多様性 時間的 空間的 など

「考え方」 比較 関係付け 条件制御 など

「探究の過程」 自然事象に対する気付き 課題の設定 検証計画の立案 振り返り など

「対話的な学び」 対話的な学び

本書活用のポイント

本書活用のポイント ―本時案ページ―

　単元の各時間の授業案は、板書のイメージを中心に、目標や評価、授業の流れなどを合わせて見開きで構成しています。各単元の本時案ページの活用のポイントは次のとおりです。

本時のねらい

　ここでは、単元構想ページとは異なり、各時間の内容により即したねらいを示しています。

本時の評価

　ここでは、各時間における評価について示しています。単元構想ページにある指導計画に示された評価と対応しています。各時間の内容に即した形で示していますので、具体的な評価のポイントを確認することができます。なお、以下の2種類に分類されます。

○**思**などと示された評価

　指導要録などの記録に残すための評価を表しています。

○（思）などと示された評価

　必ずしも記録に残さないけれど、指導に生かす評価を表しています。以降の指導に反映するための教師の見取りとして大切な視点です。

第①時
硝酸銀水溶液と銅の反応

| 課題 | 硝酸銀水溶液と銅の反応の仕組みを理解しよう。 |

本時のねらい
・化学変化をイオンのモデルと関連付けながら、金属と金属イオンを含む水溶液の反応についての基本的な概念を理解することができる。

本時の評価
・硝酸銀水溶液と銅の化学変化を、イオンのモデルと関連付けながらワークシートに記述している。（知）

準備するもの　　　　　付録
・2%AgNO₃水溶液
・試験管
・細い銅線の束
・糸・つまようじ
・イオンのモデル
・保護眼鏡
・CuSO₄水溶液
・銀板

方法

つまようじ
試験管
糸
細い銅線の束
2%AgNO₃水溶液

※廃液は排水口に流さない。

授業の流れ ▷▷▷

1　実験を行い、結果を整理する　〈15分〉

これは何でしょう？

銅線の束ですか？

実験
・銅線の束と硝酸銀水溶液を紹介し、これらを混ぜたらどうなるか問いかける。
・実験方法を説明し、班ごとに実験を行う。
・反応前後の物質の変化に着目させる。
・水溶液が無色から青色になったこと、銅線に銀色の金属樹が析出したこと、銅線がボロボロになったことを確認する。

2　考察をする　〈10分〉

どうして水溶液が青色になったのだろう？

銅イオンを含む水溶液は、青色透明になります

・反応前後の変化に着目して、班ごとに考察する。
・硫酸銅水溶液を提示し、銅イオンが存在する水溶液は、青色透明であることを紹介する。
・水溶液が無色から青色になったことから、銅イオンができたことを確認する。
・銅原子の集まりである銅線が銅イオンに、銀イオンが銀原子の集まりである銀樹になったことを押さえたい。

硝酸銀水溶液と銅の反応
116

準備するもの

　ここでは、観察、実験に必要なもの、板書づくりに必要なもののうち、主な準備物を示しています。なお、縮小版のワークシートが掲載されている場合は、本時に対応したワークシートデータのダウンロードも可能です。右のQRコードあるいはURLから、本書に掲載されたワークシートをまとめてダウンロードし、授業にお役立てください。

http://toyokan-publishing.jp/bansyo_rika21/bansyo_rika_tyu1.zip

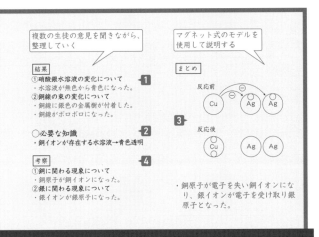

複数の生徒の意見を聞きながら、整理していく

マグネット式のモデルを使用して説明する

【結果】
①硝酸銀水溶液の変化について
・水溶液が無色から青色になった。
②銅線の束の変化について
・銅線に銀色の金属樹が付着した。
・銅線がボロボロになった。 **1**

○必要な知識
・銅イオンが存在する水溶液→青色透明 **2**

【考察】
①銅に関わる現象について
・銅原子が銅イオンになった。
②銀に関わる現象について
・銀イオンが銀原子になった。 **4**

【まとめ】
反応前
Cu ⊖⊖Ag Ag

3 反応後
Cu Ag Ag

・銅原子が電子を失い銅イオンになり、銀イオンが電子を受け取り銀原子となった。

---

3 イオンのモデルを使って説明する 〈15分〉

どうすれば、銅原子が銅イオンになるだろう？

銅原子は電子がなくなると銅イオンになるね

【微視的】
・電子の授受に着目させ、イオンのモデルを用いて班ごとに考えさせる。
・銅原子は電子を失うことで銅イオンになること、銀イオンはその電子を受け取ることで、銀原子になることを確認する。
・生徒の進捗状況を気にかけ、支援が必要な班には金属原子は電子を失うことで金属イオンになること、その反対の反応もあることを助言する。

4 授業のまとめをする 〈10分〉

硫酸銅水溶液に銀板を入れてみましょう

CuSO₄水溶液
銀板

何も変化がありませんね

・硝酸銀水溶液と銅の反応では、銅原子が銅イオンになる際に失った電子を、銀イオンが受け取り銀原子となる反応が起こっていた。
・金属原子と金属イオン間では、電子の授受が起こる。
・授業のまとめとして、銀と硫酸銅水溶液の反応を見せ、銀よりも銅の方がイオンになりやすいことを見いださせたい。

本時の板書例

　子供たちの学びを活性化させ、授業の成果を視覚的に確認するための板書例を示しています。学習活動に関する項立てだけでなく、子供の発言例なども示すことで、板書全体の構成をつかみやすくなっています。

　板書に示されている **1 2** などの色付きの数字は、「授業の流れ」の各展開と対応しています。どのタイミングで何を提示していくのかを確認し、板書を効果的に活用することを心掛けましょう。

　色付きの吹き出しは、板書をする際の留意点です。これによって、教師がどのようなねらいをもって、板書をしているかを読み取ることができます。留意点を参考にすることで、ねらいを明確にした板書をつくることができるようになります。

　これらの要素をしっかりと把握することで、授業展開と一体となった板書をつくり上げることができます。

授業の流れ

　ここでは、1時間の授業をどのように展開していくのかについて示しています。

　各展開例について、主な学習活動とともに目安となる時間を示しています。導入に時間を割きすぎたり、主となる学習活動に時間を取れなかったりすることを避けるために、時間配分もしっかりと確認しておきましょう。

　指導計画に記載されたアイコンは、授業の流れにも示されています。この展開例を参考に、各学級の実態に合わせてアレンジを加え、より効果的な授業展開を図ることが大切です。

板書で見る全単元・全時間の授業のすべて
理科 中学校 1 年
もくじ

第 1 分野(2) 身の回りの物質 064

第2分野⑵ 大地の成り立ちと変化

8 身近な地形や地層、岩石の観察／地層の重なりと過去の様子

9 火山と地層／自然の恵みと火山災害・地震災害

1　理科の目標

　2017（平成29）年告示の学習指導要領では、理科の目標が大きく変更になった。

　これは、学習指導要領の編成の過程で、各教科等の資質・能力の在り方を踏まえながらも教科横断的に議論が進んだためである。そのため、各教科等の教育目標や内容が、教科横断的に変更になった。どの教科でも、各教科等を学ぶ本質的な意義の中核をなすのが「見方・考え方」であり、教科等の教育と社会をつなぐものとされた。そこでは、「見方・考え方」が資質・能力を育成する過程で働く、物事を捉える視点や考え方として、全教科等を通して整理された。

　新・旧の学習指導要領から、理科の目標を抜粋して示し、下線の部分を以下に説明する。

旧学習指導要領 「理科の目標」	新学習指導要領　2017（H29.3） 「理科の目標」
自然の事物・現象に進んでかかわり、目的意識をもって観察、実験などを行い、科学的に探究する能力の基礎と態度を育てるとともに自然の事物・現象についての理解を深め、<u>科学的な見方や考え方</u>を養う。	自然の事物・現象に関わり、<u>理科の見方・考え方を働かせ</u>、見通しをもって観察、実験を行うことなどを通して、自然の事物・現象を科学的に探究するために必要な<u>資質・能力を次のとおり育成することを目指す。</u> ①自然の事物・現象についての<u>理解</u>を深め、科学的に探究するために必要な観察、実験などに関する基本的な<u>技能</u>を身に付けるようにする。 ②観察、実験などを行い、<u>科学的に探究する力</u>を養う。 ③自然の事物・現象に進んで関わり、<u>科学的に探究しようとする態度</u>を養う。

　従来の理科の目標であった「科学的な見方や考え方」と、今回の理科の目標にある「理科の見方・考え方」には、その考え方に大きな違いがある。「科学的な見方や考え方」と「理科の見方・考え方」という言葉は似ているが、異なるものとして理解する必要がある。「理科の見方・考え方」は資質・能力を育成する過程で働く、物事を捉える視点や考え方として、全教科等を通して整理された。

図1　理科の目標の変遷

　また、理科では、「資質・能力」をより具体的に「理解・技能」「科学的に探究する力」「科学的に探究しようとする態度」と示したのも新しいことである。

2　理科で育成する資質・能力

　それでは、理科で求められる資質・能力とは何だろうか。2016（平成28）年12月21日の中教審答申で示された「理科において育成を目指す資質・能力の整理」が端的で分かりやすい。

　どのような資質・能力が育成されるか、三つの柱に基づく資質・能力が例示されている。

●知識・技能
・自然事象に対する概念や原理・法則の基本的な理解
・科学的探究についての基本的な理解
・探究のために必要な観察・実験等の基本的な技能（安全への配慮、器具などの操作、測定の方法、データの記録・処理等）
●思考力・判断力・表現力等
・自然事象の中に問題を見いだして見通しをもって課題や仮説を設定する力
・計画を立て、観察・実験する力
・得られた結果を分析して解釈するなど、科学的に探究する力と科学的な根拠を基に表現する力
・探究の過程における妥当性を検討するなど総合的に振り返る力
●学びに向かう力・人間性等
・自然を敬い、自然事象に進んでかかわる態度
・粘り強く挑戦する態度
・日常生活との関連、科学することの面白さや有用性の気付き
・科学的根拠に基づき判断する態度
・小学校で身に付けた問題解決の力などを活用しようとする態度

　ここでは、課題の把握→課題の探究→課題の解決の順に、探究の過程の流れに沿って資質・能力を育成することが求められている。

3　理科の見方・考え方

　さて、「資質・能力を育成する」ために「働かせる」のが「見方・考え方」である。

　自然の事物・現象を、質的・量的な関係や時間的・空間的な関係などの科学的な視点で捉え、比較したり、関係付けたりするなどの科学的に探究する方法を用いて考えることである。

　例えば、比較することで問題を見いだしたり、既習の内容などと関係付けて根拠を示すことで課題の解決につなげたり、原因と結果の関係といった観点から探究の過程を振り返ったりすることなどが考えられる。そして、このような探究の過程全体を生徒が主体的に遂行できるようにすることを目指すとともに、生徒が常に知的好奇心をもって身の回りの自然の事物・現象に関わるようになることや、その中で得た気付きから課題を設定することができるようになることを重視すべきである。

　ここでいう「見方」とは、資質・能力を育成する過程で働く、物事を捉える理科ならではの「視点」と整理することができる。

　また、「考え方」とは、探究の過程を通じた学習活動の中で、比較したり、関係付けたりするなどの科学的に探究する方法を用いて、事象の中に何らかの関連性や規則性、因果関係等が見いだせるかなどについて考えることである。「見方」は視点で、「考え方」は「思考の枠組」と整理することができる。

　ただし「見方」及び「考え方」は、物事をどのように捉えたり考えたりしていくかという「視点」と「思考の枠組」のことで、資質・能力としての思考力や態度とは異なる。すなわち「理科の見方・考え方」を働かせながら、知識及び技能を習得したり、思考・判断・表現したりしていくものであると同時に、学習を通して「理科の見方・考え方」がより豊かで確かなものとなっていくと考えられる。

　なお、「見方・考え方」は、まず「見方」があって、次に「考え方」があるといった順序性はない。資質・能力を育成するために一体的に働かせるものと捉える。

4　学年ごとに重視する学習のプロセス

　平成29年版学習指導要領の解説では、探究の過程が右図のような模式図で示されている。これを料理のメニューに例えると、「フルコース」（あるいは「フルセット」でもよい）と言えるだろう。

　ひとまとまりの学習で、「自然事象に対する気付き」から「表現・伝達」までのすべての学習過程を行うことがフルコース（フルセット）である。また、「課題の設定」や「検証計画の立案」など、その中の一つの過程だけを行うことは「アラカルト」（あるいは「単品」でもよい）である。そう考えると、すべてのアラカルト（単品）が含まれているのがフルコース（フルセット）となる。

　一方、学年ごとに重視する学習過程も示されている。「2 内容」には、ア、イの二つの項目があるが、そのうちのイに、その学年での重視する学習過程が含まれている。

　おおよそ次のような内容である。

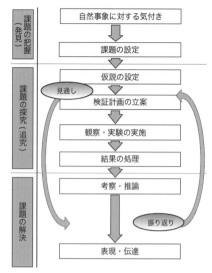

図2　重視すべき学習過程のイメージ

【第1学年】自然の事物・現象から課題を見いだすこと
【第2学年】見通しをもって解決する方法を立案すること
【第2学年】観察、実験などの結果を分析して解釈すること
【第3学年】探究の過程を振り返ること

　これは、探究の過程を学年順に追っていると考えると分かりやすい。第1学年では、学習過程で最初に行う「課題の把握」、第2学年ではその次に行う「課題の探究」、第3学年ではまとめに行う「課題の解決」というように、探究の過程を、便宜上、学年進行順に対応させている。

　実際の授業では、この順序にとらわれず指導計画を立ててよい。あまりこだわると、むしと、学習が進めにくくなるだろう。言うまでもないが、毎回の学習過程や実験をフルコース（フルセット）で行っていては授業時数が足りない。領域や学習内容、観察・実験ごとに、どの過程が適切なのか、重点とするアラカルト（単品）を絞り込むのが現実的である。

　1年間の学習が終了したら、すべてのアラカルト（単品）を一通り行っていて、結果的に生徒はフルコース（フルセット）を学習している、という指導計画になるだろう。

　ここで示されている学習過程が理科のすべての学習内容に当てはまるわけではなく、この順序ではないこともある。収集した多くのデータから考察を進めるときは、「検証計画の立案」「観察・実験の実施」ではなく、「資料収集計画の立案」「資料収集の実施」となる。

　また、観察、実験や観測の結果を考察する場合、はじめに仮説を立てるのは難しい。演繹的に進めるか、帰納的に進めるかでも流れが変わる。学習過程として、機械的に進めることのないよう留意したい。生徒の資質・能力が育成できるか、生徒の主体的・対話的で深い学びがいかに引き出せるかといった、生徒に寄り添った視点から設定したい。

　このように考えると、1年では問題を見いだすための「自然事象に対する気付き」や「課題の設定」、2年では解決方法の立案し結果を分析して解釈するための「検証計画の立案」や「結果の処理」というように、学年で重点的に行うアラカルト（単品）が提示されていると見ることもできる。

　なお、学年ごとの重点が示されているからといって、その学年でそれだけを行えばよいというのではない。1年間の学習で、すべてのアラカルト（単品）が行われるようにしたいところである。

また、３年では探究の過程を振り返る活動が提示されている。振り返りは、探究の過程全般で行うことになる。

5 主体的・対話的で深い学び

「主体的・対話的で深い学び」の実現は、授業改善の視点である。それ自体が授業の目的ではないことに留意したい。また、理科だけの授業改善ではなく、どの教科でも実現を目指す課題であることにも留意したい。

また、「主体的・対話的で深い学び」の実現は、新しい知識及び技能を既にもっている知識及び技能と結び付けながら社会の中で生きて働くものとして習得したり、思考力、判断力、表現力等を豊かなものとしたり、社会や世界にどのように関わるかの視座を形成したりするために重要なものである。

既に身に付けた資質・能力の三つの柱によって支えられた「見方・考え方」が習得・活用・探究という学びの過程の中で働くことを通じて、資質・能力がさらに伸ばされ、それによって「見方・考え方」がさらに豊かなものになる、という相互の関係にある。理科では、科学的に探究する学習活動を通して、「主体的・対話的で深い学び」の実現を図るという授業改善の視点を踏まえることが重要である。

そこで、指導計画等を作成する際には、内容や時間のまとまりを単元として見通し、理科で育成を目指す資質・能力及びその評価の観点との関係も十分に考慮したい。

「主体的・対話的で深い学び」について、その視点を整理しておく。

【主体的な学び】
・自然の事物・現象から問題を見いだし、見通しをもって課題や仮説の設定や観察・実験の計画を立案したりする学習となっているか。
・観察、実験の結果を分析・解釈して仮説の妥当性を検討したり、全体を振り返って改善策を考えたりしているか。
・得られた知識や技能を基に、次の課題を発見したり、新たな視点で自然の事物・現象を把握したりしているか。

【対話的な学び】
・課題の設定や検証計画の立案、観察、実験の結果の処理、考察・推論する場面などで、あらかじめ個人で考え、その後、意見交換したり、科学的な根拠に基づいて議論したりして、自分の考えをより妥当なものにする学習となっているか。

【深い学び】
・「理科の見方・考え方」を働かせながら探究の過程を通して学ぶことにより、理科で育成を目指す資質・能力を獲得するようになっているか。
・様々な知識がつながって、より科学的な概念を形成することに向かっているか。
・新たに獲得した資質・能力に基づいた「理科の見方・考え方」を、次の学習や日常生活などにおける問題発見・解決の場面で働かせているか。

さて、主体的・対話的で深い学びは、必ずしも１単位時間の授業の中で全てが実現されるものではない。

毎回の授業の改善という視点を超えて、単元や題材のまとまりの中で、指導内容のつながりを意識しながら重点化することが重要になってくる。

また、これらは、教師側の適切な指導があってこそできる。したがって、「活動あって学びなし」

という深まりを欠いた状況に陥らないようにしたい。

　そのためには、目標の明確化や学習の見通しの提示、学習成果の振り返りなど、一連の活動が系統性をもつように工夫する必要がある。特に「深い学び」の視点に関して、探究の過程の中で、より質の高い深い学びにつなげることが重要である。

　必要な知識・技能を教授しながら、それに加えて、生徒の思考を深めるために発言を促したり、気付いていない視点を提示したりするなど、学びに必要な指導の在り方を追究し、必要な学習環境を積極的に設定していくことが求められる。そうした中で、着実な習得の学習が展開されてこそ、主体的・能動的な活用・探究の学習を展開することができる。

6　絶対評価による3観点で示す学習評価

　2000（平成12）年の教育課程審議会の最終答申「児童生徒の学習と教育課程の実施状況の評価の在り方について」で相対評価から絶対評価へと転換することが示された。

　平成29年版学習指導要領では、資質・能力の三つの柱「知識及び技能」「思考力、判断力、表現力等」「学びに向かう力、人間性等」のうち、「学びに向かう力、人間性等」に含まれる感性や思いやり等については、観点別学習状況の評価になじまないことから評価の対象外とするため、「主体的に学習に取り組む態度」という言葉を使うことになっていることに留意したい。

図3　理科の評価の観点の変遷

　さらに、評価の観点がそれまでの4観点から3観点になることが明らかになった。

●知識・技能
・自然の事物・現象に対する概念や原理・法則の基本を理解し、知識を身に付けている。
・観察、実験などを行い、基本操作を習得するとともに、それらの過程や結果を的確に記録、整理し、自然の事物・現象を科学的に探究する技能の基礎を身に付けている。
●思考・判断・表現
・自然の事物・現象の中に問題を見いだし、見通しをもって課題や仮説を設定し、観察、実験などを行い、得られた結果を分析して解釈し、根拠を基に導き出した考えを表現している。
●主体的に学習に取り組む態度
・自然の事物・現象に進んで関わり、それらを科学的に探究しようとするとともに、探究の過程などを通して獲得した知識・技能や思考力・判断力・表現力を日常生活などに生かそうとしている。

　授業の評価には、段階がある。最初は生徒の学習状況を分析的に捉える「観点別学習状況の評価」であり、次に、これらを総括的に捉える「評定」である。まず「観点別学習状況の評価」を最初に出し、それをまとめて「評定」になる、という順序である。いずれも、学習指導要領に定める目標に準拠しているかを判断根拠とする。

　その際、学力の三つの柱である「学びに向かう力、人間性等」には、観点別評価や評定にはなじまず、「個人内評価」として見取る部分がある。「感性」「思いやり」がそれに当たる。生徒一人一人のよい点や可能性、進歩の状況などを積極的に評価し、「観点別学習状況の評価」や「評定」とは別に児童生徒に伝える。

　これらの生徒の学習状況の把握は、授業改善に直結しており、その意味で指導と評価は表裏一体である。学習評価は、教育課程や学習・指導方法の改善と一貫性をもった形で進め、教育活動の根幹で

あり「カリキュラム・マネジメント」の中核的な役割を担っている。

　さて、評価を機能的に捉えると、二つに分けられる。本書では区別して構成している。

　一つは「診断的評価」「形成的評価」である。指導前・指導中・指導後に随時実施するもので、生徒が身に付けている学力の程度などを評価し、指導計画の作成、修正・変更や補充的な指導に生かす。本書では、「指導に生かす評価」として、（　）付きで表記している。

　もう一つは「総括的評価」である。指導後に実施し、指導した内容について、生徒が身に付けた学力の程度を評価する。これは、通知表や指導要録に成績を付けたり、入試に用いる内申書の主な材料にしたりするが、指導の改善に生かすこともできる。本書では、「記録に残す評価」として、太字で表記している。

7　内容のまとまりごとの評価の実際

　単元の指導と評価の計画に基づき、評価方法を工夫して行い、観点ごとに総括した第3学年第2分野(6)「地球と宇宙」の「天体の動きと地球の自転・公転」9時間分の評価事例を示した。この表は、国立教育政策研究所が作成した参考資料「指導と評価の一体化のための学習評価・中学校理科」(2020)のp.55に掲載されている「事例1」である。なお、吹き出しは筆者が入れた。

> 数値ではなく、A・B・Cの3段階でざっくり評価する。

> 記録を残す評価を全くしない時間が、9時間中3時間ある。

時	学習活動	知	思	態	生徒の様子
1	天球を使って天体の位置を表す。				地球上の特定の場所における時刻や方位を読み取った。
2	太陽の日周運動の観察を行う。				太陽の動きを観察し，その結果を記録した。
3	観測記録から，太陽の一日の動き方の特徴を見いだす。	A			透明半球に付けられた点の記録から，太陽の動いた軌跡を結んだ。
4	星の一日の動きを透明半球にまとめる。		B		透明半球に，星の一日の動きを表した
5	相対的に星の動きと地球の自転とを関連付けて考え，地球の自転の向きを推論する。			A	星の日周運動を地球の自転と関連付けて，天球を使って説明した。
6	星座の年周運動のモデル実験から，星座の見え方が変わることを見いだす。				公転によって，季節ごとに地球での星座の見え方が変わることを説明した。
7	・シミュレーションで，天球上の星座や太陽の1年間の動き方を理解する。	B			代表的な星座の見える時期や時刻，方位について理解した。
8	季節ごとの地球への太陽の光の当たり方が変化することをモデル実験で調べる		B		季節ごとに太陽の光の当たり方が変化する原因を，モデル実験の結果から説明した。
9	昼夜の長さの変化を，地球儀を用いたモデル実験を通して探究する。			A	身に付けた知識及び技能を活用して探究し，新たな疑問をもった。
ペーパーテスト（定期考査等）		A	B		
単元の総括		A	B	A	

・「知識・技能」は、第3時で「技能」を、第7時とペーパーテストで「知識」を評価した。その結果、「ＡＢＡ」となることから、総括して「Ａ」とした。
・「思考・判断・表現」は、第4時と第8時とペーパーテストで評価し「ＢＢＢ」となることから、総括して「Ｂ」とした。
・「主体的に学習に取り組む態度」は、「ＡＡ」となることから、総括して「Ａ」とした。

> ペーパーテスト（定期テスト等）を学習のまとまりの評価機会の中に位置付ける。

> 態度の評価は学習の中・終盤にする。

　知識・技能の評価方法は、第3時は「透明半球上の記録の分析」、第7時は「ワークシートの記述の分析」、それに定期考査等のペーパーテストの解答である。

思考・判断・表現の評価方法は、第4時は「透明半球上の記録とワークシートの記述の分析」、第8時は、「ワークシートの記述の分析」である。

　主体的に学習に取り組む態度の評価方法は、第3時は「ワークシートの記述と行動観察の記録の分析」、第9時は、「ワークシートの記述の分析の分析」である。

　1時間の授業で行う評価は1観点のみである。また、第1・2・6時の3時間は、記録に残す評価は行わない。

○ この程度で十分	・数値ではなく、A・B・Cの3段階でざっくり評価している。 ・記録を残す評価をしない時間がある（学習に生かす評価は行う）。 ・ペーパーテスト（定期テスト等）を学習のまとまりの評価機会の中に位置付けている。 ・態度の評価は学習の中・終盤にする。
△ 改めた方がよい	・学習に生かす評価と記録に残す評価が区別されずにいる。 ・定期テスト等のペーパーテストでの評価に知識・技能や思考・判断・表現の総括的な評価を組み込んでいない。 ・1つの授業で複数の観点の評価を行っている。 ・毎時間、絶えず記録に残す評価をしている。

　日常の評価活動は、この程度の回数、方法が望まれている、と言えよう。

　一人一人の学びに着目して評価をすることは、ある意味、教師の仕事が増える。しかし、多様な資質・能力を評価することが重視されるにしたがって、知識・技能だけではない資質・能力や態度も評価として見られるようになってきた。定期考査のようなペーパーテストだけでは限界があり、できるだけ多様な評価方法で生徒の学習の達成状況を把握した方がよい。その際、「指導に生かす評価」と「記録に残す評価」の区別を意識すると、評価にかける手間と時間を学習指導に傾けることができる。

　例えば、1時間の授業で3観点すべてを評価する必要はない。個々の授業でどの観点に重点を置くかを明らかにし、単元を通して多様な観点について評価できればよい。

　また、すべての評価資料を総括する必要はない。一般に個々の評価資料を集積したものを学期末や学年末の総括的な評価として活用するが、習得の過程では、あえて記録に残すことはせず、もっぱら指導に生かすことに重点を置く。学習のまとまりの終盤での習得したことが見込まれる場面では、記録に残すことに重点を置く。

　実は、2000（平成13）年の観点別学習状況評価の導入直後は、評価を記録するため、本来の教科指導がおろそかになるという弊害を生んだ。あくまで指導に生かすために評価をするのであり、「評価のための評価」「評定をするための評価」にならないように注意したい。

　評価の本来の目的は、通知表や高校入試の合否判定資料としての評定（いわゆる内申点）ではなく、教師の指導の改善、生徒の学習の改善である。内申点は合否に直結することから、生徒や保護者が評定に過敏になりがちである。その対応の意味においても、学校全体や他校との連携の中で、計画や評価ツールの作成を分担するなど、これまで以上に協働と共有を進めることが求められている。風通しのよい評価体制を教師間で作っていくことで、教師一人当たりの量的・時間的・精神的な負担の軽減につながる。評価方法の工夫改善が、働き方改革にもつながるだろう。

第1学年における授業づくりの
ポイント

　平成29年版学習指導要領では、学年ごとに重視する学習過程が新たに示されている。

　「2内容」には、ア、イの2つの項目があるが、そのうちのイに、その学年で重視する学習過程が含まれている。第1学年では、

・自然の事物・現象から問題を見いだすこと

である。これは、探究の過程のはじめ、導入時に行うことである。問題を見いだすような学習活動はどのように展開すればよいのだろうか。

　単元の最初の段階では、身の回りの事象・現象の例を教師が示したり、生徒に発問して答えさせたりして導入し、学習課題は教員が提示したり、教科書に記述されている課題を取り上げたりして、観察や実験に入るという授業が多い。

　その際に、生徒に問題を見いださせたい。それには、自然の事物・現象に興味や関心をもつような導入が大切となる。

　ここで「問題を見いだす」のは生徒自身であるが、さまざまな事物・現象を提示するのは教師である。その際、問題を見いだすように生徒を「誘導」することもあり得る。限られた授業の時間を有効に使うために、生徒が学習内容とはかけ離れた問題を見いだし回り道とならないようにする。

　はじめのうちは、具体的な「問題」の例を示すことも有効だと考える。生徒の発想を型にはめてしまうのではないかとの心配はある。しかし「問題を見つけるとはこういうことだ」と一旦分かれば、後は生徒自身が考えて、より多様になっていく。

　予想や仮説を立てさせることも同様である。考えなさいと促されて、生徒がすぐに考えられるものではない。まず、考え方の例を示すことで、生徒は考えるためのスキルを身に付けさせていく。

　第1学年のことだけではないが、話し合いや発表、レポート作成など、言語活動やICTの活用が行われている。また、思考ツールなどの利用や、グラフ化、モデル化といった手法が意識的に行われるようになっている。理科の見方・考え方を使って、これらの活動をさらに充実させていきたい。

　なお、学年ごとの重点が示されているからといって、その学年でそれだけを行えばよいというのではない。1年間の学習で、探究の過程が一通り行われるようにしたい。

　いずれにしても、学習過程として、機械的に進めることのないよう留意したい。生徒の資質・能力が育成できるか、生徒の主体的・対話的で深い学びがいかに引き出せるかといった、生徒に寄り添った視点から授業づくりを進めていきたい。

表　「思考力、判断力、表現力等」及び「学びに向かう力、人間性等」に関する学習指導要領の主な記載

資質・能力	第1分野	第2分野
思考力、判断力、表現力等	【第1学年】問題点を見いだし見通しをもって観察，実験などを行い、規則性、関係性、共通点や相違点、分類するための観点や基準を見いだして表現すること。	
学びに向かう力、人間性等	物質やエネルギーに関する事物・現象に進んで関わり、科学的に探究しようとする態度を養う。	生命や地球に関わる事物・現象に進んで関わり、科学的に探究しようとする態度、生命を尊重し、自然環境の保全に寄与する態度を養う。

第1分野(I) 身近な物理現象

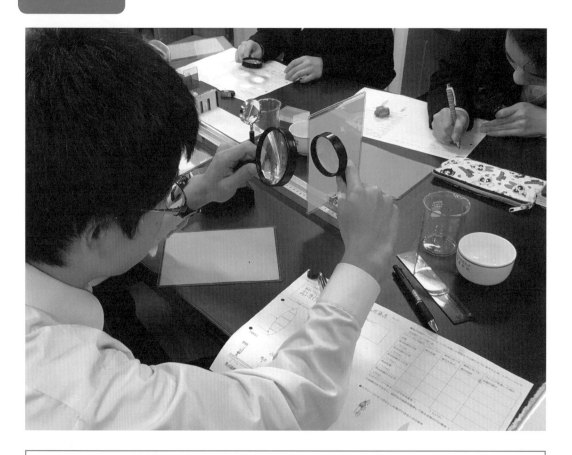

　本単元では、光や音、力に関して問題を見いだし見通しをもって実験を行い、その結果を分析して解釈し、規則性を見いださせ、日常生活や社会と関連付けて理解させるとともに、観察、実験の技能を身に付けさせることが主なねらいである

　光や音、力は生徒にとって文字通り「身近な物理現象」だが、どれも実態をつかみにくい。だからこそ五感に直接問いかけるような現象を生徒に数多く触れさせたい。今まで何気なく見ていた景色が、この単元の学習後に全く異なる景色となって見えてくる。本単元のもう一つのねらいである。

（ア）　光と音　全13時間
㋐光の反射・屈折　6時間

次	時	主な学習活動	学習過程、見方・考え方、評価など
1	1	煙等を用いて、光の道筋を観察する。	
2	2 3	実験「反射の法則」 実験「鏡に映る像」	記録 思
3	4 5	光がガラスを通るときの進み方を調べる。 台形ガラスによって、ものの見え方がどのように変化するかを調べる。	規則性 関係性 振り返り 記録 態

次	時	主な学習活動	学習過程、見方・考え方、評価など
4	6	太陽光から虹を再現する実験を通して、光が様々な色に分かれることを知る。	

ⓘ凸レンズの働き　3時間

次	時	主な学習活動	学習過程、見方・考え方、評価など
5	7	凸レンズによる様々な現象を観察し課題を設定する。	課題の設定 記録 思
	8	実験「凸レンズによる像のでき方」	分析・解釈
	9	「凸レンズを通る光の道筋の作図」	記録 知

ⓦ音の性質　4時間

次	時	主な学習活動	学習過程、見方・考え方、評価など
6	10	様々な音源にさわったり、観察したりすることを通して、音に関しての問題を見いだし、課題を設定する。	課題の設定
	11	花火や稲光の光と音のずれについて話し合い、光った場所と観察場所とのおよその距離を求める。	対話的な学び 記録 知
	12	実験「音の大きさと高さ」	条件制御 記録 思
7	13	ものづくり「振幅と振動数」	記録 態

（イ）　力の働き　全7時間
ⓐ力の働き　7時間

次	時	主な学習活動	学習過程、見方・考え方、評価など
1	1	力にはどのような働きがあり、どのような種類があるのかを知る。	対話的な学び
	2	力にはいろいろな種類があることを知る。	
2	3	「力の大きさとばねの伸び」	計画の立案 記録 思
	4	実験「フックの法則」	分析・解釈 記録 知
3	5	「重力と質量・力の表し方」	
4	6	実験「力のつり合い」	
	7	「2力のつり合いのまとめ」	対話的な学び 記録 態

1 光と音 （13時間扱い）

単元の目標

光の反射や屈折、凸レンズの働き、音の性質に関して問題を見いだし見通しをもって実験を行い、その結果を分析して解釈し、規則性を見いださせ、日常生活や社会と関連付けて理解させるとともに、光や音に関する観察、実験の技能を身に付けさせる。

評価規準

知識・技能	思考・判断・表現	主体的に学習に取り組む態度
光と音に関する事物・現象を日常生活や社会と関連付けながら、光の反射や屈折、凸レンズの働き、音の性質についての基本的な概念や原理・法則などを理解しているとともに、科学的に探究するために必要な観察、実験などに関する基本操作や記録などの基本的な技能を身に付けている。	光と音について、問題を見いだし見通しをもって観察、実験などを行い、光の反射や屈折、凸レンズの働き、音の性質の規則性や関係性を見いだして表現しているなど、科学的に探究している。	光と音に関する事物・現象に進んで関わり、見通しをもったり振り返ったりするなど、科学的に探究しようとしている。

既習事項とのつながり

(1)小学校 3 年：光は真っすぐに進み、光が当たったところは、明るくなることを学習している。

(2)小学校 6 年：月は、太陽の光をはね返して輝いて見えることを学習している。

(3)小学校 3 年：鏡に光を当てると、はね返ることを学習している。

(4)小学校 3 年：虫眼鏡で光を集めることができることを学習している。

(5)中学校美術：赤、緑、青の三色は、光の三原色ということを学習する。

(6)小学校 3 年：音が聞こえるとき、ものはふるえていることを（令和 6 年度の中学校 1 年より）学習している。

指導のポイント

身の回りには、光と音に関する現象があふれている。あまりにも身近すぎて、疑問にも思わない現象を「光・音とは何か」について学んでいくことで、一つ一つ解明していく単元計画となっている。

(1)本単元で働かせる見方・考え方

光や音が見せる様々な現象を質的・実体的な視点でとらえ、光の反射や屈折、音の性質の規則性や関係性を見いださせる。

(2)本単元における主体的・対話的で深い学び

光や音が見せる現象を観察・体験させる中から、生徒に様々な気付きをさせる。個人の気付きを班やクラスで共有していく過程で主体的な問題発見・仮説設定へとつなげていく。

指導計画（全13時間）

⑦ 光の反射・屈折（6時間）

時	主な学習活動	評価規準
1	煙等を用いて、光の道筋を観察する。	（知）（思）
2	実験 光を鏡に当てる実験を通して光の道筋を記録する。	（思）
3	実験 物体を鏡に映し、その像と物体との位置関係を調べる。	思
4	規則性 関係性 光がガラスを通るときの進み方を調べる。	（知）（思）
5	振り返り 台形ガラスによって、ものの見え方がどのように変化するかを調べる。	（思）態
6	太陽光から虹を再現する実験を通して、光が様々な色に分かれることを知る。	（知）

④ 凸レンズの働き（3時間）

時	主な学習活動	評価規準
7	課題の設定 凸レンズによる様々な現象を観察し課題を設定する。	思
8	分析・解釈 実験 光源の位置を変えたときの凸レンズによる像のでき方を調べ、結果を表にまとめる。	（思）
9	凸レンズを通る光の道筋を作図することで、物体と凸レンズの距離による実像の大きさや向きの変化を理解する。	知

⑦ 音の性質（4時間）

時	主な学習活動	評価規準
10	課題の設定 様々な音源にさわったり、観察したりすることを通して、音に関しての問題を見いだし、課題を設定する。	（思）
11	対話的な学び 花火や稲光の光と音のずれについて話し合い、光った場所と観察場所とのおよその距離を求める。	知
12	条件制御 実験 「音の大きさと高さ」弦をはじいたときの音の大きさや高さの違いと振動のしかたの関係を調べる。	思
13	ものづくり 「振幅と振動数」音の波形から、振動の様子と音の大きさ・高さとの関係を見いだす。	（思）態

第①時

「光の進み方」と「ものの見え方」

本時のねらい

・身の回りの光に関する現象を観察し、ものの見え方の違いは、光の性質によるものであることを理解することができる。

本時の評価

・光の反射の実験を行い、光が水やガラスなどの物質の境界面で反射するときの規則性を見いだして理解している。(知)
・身近な物理現象について、問題を見いだし見通しをもって観察、実験などを行っている。(思)

準備するもの

・小麦粉・水槽・水
・入浴剤（もしくは牛乳）
・レーザーポインター
・ワークシート

付録

課題 ものが見えるとき、光はどのように進んでくるのだろうか。

自ら光を出すもののことを光源という。

光源の例
・太陽
・蛍光灯
・テレビの画面

1

×…月
×…宝石
×…金属

授業の流れ ▷▷▷

1 自ら光を出しているものを光源ということを知る　〈10分〉

光源の例をあげてください

太陽も月も光源かな？

月は太陽の光が反射して光っているから、光源ではないと思います

・自ら光っているものの例を生徒に発表させ、板書する。
・「月」や「宝石」などの例を挙げ、どうして光源ではないと言えるかを考えさせるとよい。

2 ものが見える場合には2つの進路があることを確認する　〈10分〉

光が目に届くことで、ものが見えます

だから暗闇だとものが見えないのですね

暗闇でもうっすら見える場合があるよなぜだろう？

・ものが見えるためには、そのものから発した光が目に届かなければならないことを確認する。この際、暗闇や物陰のときなど、「見えない」例を挙げるとよい。
・光源から出た光を直接見ている場合と、物体に当たってはね返って目に届いた光を見ている場合があることを知る。

ものが見える場合の2つの進路 ◀2

①蛍光灯 → 目

②蛍光灯 → 宝石 → 目

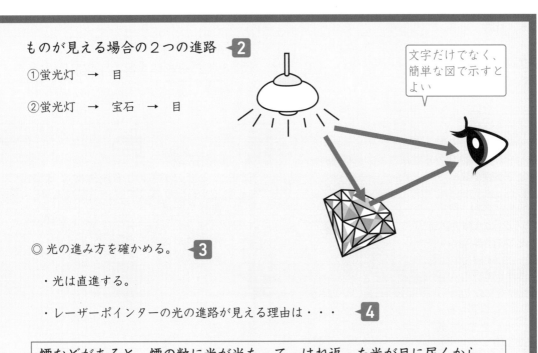

文字だけでなく、簡単な図で示すとよい

◎ 光の進み方を確かめる。 ◀3

・光は直進する。

・レーザーポインターの光の進路が見える理由は・・・ ◀4

煙などがあると、煙の粒に光が当たって、はね返った光が目に届くから。

---

3 光の道筋が見えるときと見えないときがあることを知る〈15分〉

なぜ小麦粉があると、光が見えるようになったのだろう？

・レーザーポインターを壁に当て、壁とレーザーポインターとの間の光が見えないことを確認する。
・小麦粉を手につけた生徒に拍手をしてもらうと、レーザーポインターによる光線が見えることを確認し、日常生活の中で見られる同様の現象を画像等で伝える。

4 光が見えるようになった理由を考え、発表する〈15分〉

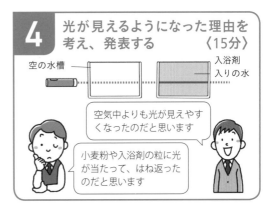

空気中よりも光が見えやすくなったのだと思います

小麦粉や入浴剤の粒に光が当たって、はね返ったのだと思います

・ものが見えるためには、光が目に届かなければならないことを再確認した上で考えさせ、その意見を共有する。（個人→班→クラス）
・クラスで共有した意見を基に、光線が見えた理由についてまとめ、板書する。

第②時

反射の法則

本時のねらい

- 光を鏡に当てる実験を通して、光が反射するとき「反射の法則」が成り立つことを見いだすことができる。

本時の評価

- 光の反射の規則性や関係性を見いだして表現している。（思）

準備するもの

- 鏡（大・小）
- 鏡（大）を覆う布
- 鏡（小）を支える箱
- 光源装置
- 紙
- 定規
- 分度器
- ワークシート

付録

「鏡の前に数人の生徒が立っています。誰が誰を見ることができると思いますか？」

予想 **1**

- CとDは鏡との位置関係が似ているから、CにはDが、DにはCが見えると思う。

- Aは鏡から遠いから、Aから見た鏡には誰も映っていないと思う。

生徒の意見を板書する

授業の流れ ▷▷▷

1 覆いをした鏡の前に立ち、誰が誰を見ることができているかを予想する 〈10分〉

Dの人は、鏡に誰が映って見えるでしょうか？

- 大きめの鏡を床に垂直に立てかける。
- 人の代わりに、時計などのものが見える場所を予想して、生徒を自由に移動させてもよい。
- 予想した理由について、自由に意見交換を行う。

2 鏡の覆いをとり、その結果をクラスで共有する 〈10分〉

Dの人には、Cの人が映って見えたから・・

Cの人からの光がDの人に届いたということですね

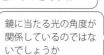

鏡に当たる光の角度が関係しているのではないでしょうか

- 鏡に当たった光の進み方をどのように調べればよいか話し合う。
- 前時の「光の進み方」と「ものの見え方」について振り返り、「鏡に映る」ことと「光が届く」ことを結び付ける。

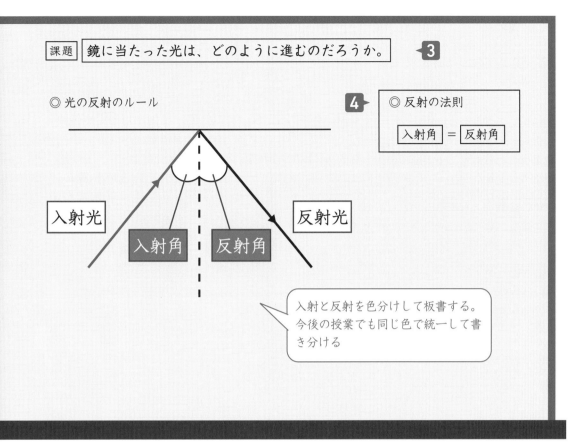

課題 鏡に当たった光は、どのように進むのだろうか。 ③

◎ 光の反射のルール

④ ◎ 反射の法則

入射角 ＝ 反射角

入射光

反射光

入射角　反射角

入射と反射を色分けして板書する。今後の授業でも同じ色で統一して書き分ける

3 光源装置の光を鏡に当てて、入射光と反射光の関係を調べる〈20分〉

鏡への入射光の当て方を色々と変えてみよう

4 実験結果をクラスで共有し、反射の法則についてまとめる　〈10分〉

鏡に反射するとき、光の進み方にはどのような法則性がありますか？

鏡の面に垂直な線と線対称になるように進んでいます

実験

・光源装置の使い方や鏡への光の当て方を事前に確認しておく。

・反射した光の方から光源を見ると、光がまっすぐ進んでいるように見えることを確かめる。

・「入射角」「反射角」の用語の意味を確認しておく。

・角度を分度器で測らせたり、記録用紙を折らせたりするなどして、反射の法則を見いださせる。

第 ③ 時

鏡に映る像

❶

「鏡の中にいる自分は、
どこにいるのだろうか。」　❶

・鏡に映った物体を、像といい、
　鏡の面に対して物体と対称の
　位置にある。

・像は、反射光の道筋を鏡の方
　に延長した直線上に見える。

本時のねらい
・物体を鏡に映したときの、その像と物体との
　位置関係を作図によって調べることができ
　る。

本時の評価
・光の反射の規則性や関係性を見いだして表現
　している。思

準備するもの
・鏡（姿見がなければ、
　手鏡でもよい）
・定規
・付せん
・ワークシート

付録

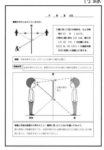

授業の流れ ▷▷▷

1 鏡に映る像と物体との位置関係を予想する　〈5分〉

 物体・鏡・像の位置関係で気が付いたことはありますか？

 鏡から離れると、像も鏡から離れました。物体と像は、鏡に対して対称の位置にあると思います

・像の位置について気が付いたことを自由に発言さ
　せる。
・小さい鏡と人形を用いて個人で考えさせることも
　できる。

2 物体・鏡・像との位置関係を、光の道筋を作図することで理解する〈10分〉

 鏡に自分の足の像が映って見えるときの光の道筋をかいてみましょう

 足が見えるということは、足からの光が目に届くということだから…

・既習事項である「ものの見え方」と「反射の法則」
　を振り返りながら、「像がなぜ見えるのか」につい
　て丁寧に説明する。

課題 全身を映すためにどのくらいの長さの鏡が必要か。

予想 **3**

ア）全身よりも少し大きい鏡
イ）全身と同じ大きさの鏡
ウ）全身よりも少し小さい鏡
エ）全身のちょうど半分の大きさ
　　の鏡
オ）どんなに小さくてもよい

2 **4**

鏡

実物　　　　　　　　　　像

実物と像が書かれた紙を
貼り、その上に光の道筋
を書きこんでいく

3 鏡に全身を映すために必要な鏡
　　の大きさを計測する　　〈20分〉

鏡を壁にそってずらしていって、
頭と足が見える位置に印を付けれ
ばいいね

身長と同じくらいの鏡
が必要だと予想したけ
れど…

実験

・測定する前に結果を予想させる。どんなに小さな
　鏡でも、鏡から離れれば全身が映ると思っている
　生徒が少なからずいる。
・姿見があれば、頭と足が見える部分の鏡に直接付
　せんを貼る。なければ、上図のように手鏡をずら
　すことで測定できる。

4 予想したことや実験結果が正しかった
　　かどうかを作図して確かめる　〈15分〉

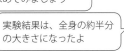

全身を映すために必要
な鏡の大きさを作図で
求めてみましょう

実験結果は、全身の約半分
の大きさになったよ

作図したら、その理由が
わかったね

・マス目入りのワークシートを用いることで、分度
　器を用いずに作図ができる。
・像からの反射光→入射光の順序で作図することを
　伝え、正確な作図を基に考察させる。

第④時

光の屈折の規則性

本時のねらい

・光をガラスに通す実験を通して、異なる物質の境界面では、光が屈折することを見いだすことができる。

本時の評価

・光の屈折の実験を行い、光が水やガラスなどの物質の境界面で屈折するときの規則性を見いだして理解している。（知）
・光の屈折の規則性や関係性を見いだして表現している。（思）

準備するもの

・光源装置・半円形レンズ
・定規・光ファイバー
・ワークシート

付録

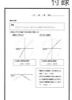

課題 | 光がガラスに入るとき、光はどのような進み方をするのだろうか。

予想 ◀ 1

・光はガラスを通り抜けるのではないか。
・透明だと光は反射しないと思う。
・ガラスの表面で反射する光と、ガラスに入っていく光の両方があると思う。

生徒の意見を板書する

授業の流れ ▷▷▷

1 透明な物体に光を当てた場合、光はどのように進むか予想する 〈5分〉

物体が透明だと、光が入っていくと思う

透明だと光は反射はしないんじゃないかな

・生徒の日常生活から、光が屈折する様子を予想させることは難しい。光が届かなければものが見えないことを思い出させるなどして予想させたい。

2 光がガラスに入るときや出るとき、光はどのように進むか調べる〈20分〉

入射光の角度を変えて調べてみましょう

・台形ガラスでも同様の実験が可能だが、二回の屈折を同時に観察することになるため、結果を整理するときに混乱する生徒が少なからずいる。
・半円形レンズを用いる場合は、光をレンズの中心に当てる必要がある。

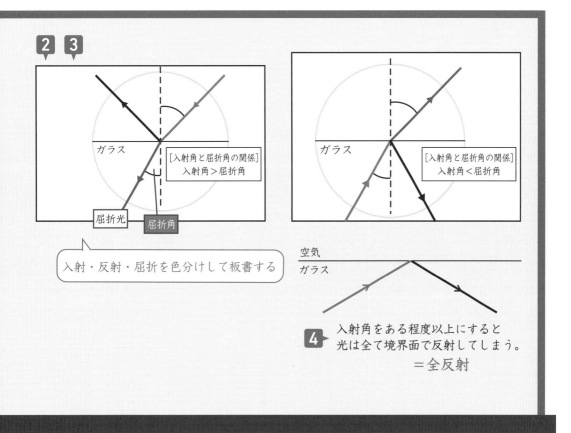

入射・反射・屈折を色分けして板書する

空気
ガラス

4 入射角をある程度以上にすると
光は全て境界面で反射してしまう。

＝全反射

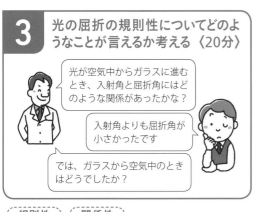

3 光の屈折の規則性についてどのようなことが言えるか考える〈20分〉

> 光が空気中からガラスに進むとき、入射角と屈折角にはどのような関係があったかな？

> 入射角よりも屈折角が小さかったです

> では、ガラスから空気中のときはどうでしたか？

規則性   関係性

・「屈折光」「屈折角」について説明する。

・空気中からガラスへ入射する場合と、ガラスから空気中へ入射する場合、それぞれの入射角と屈折角の関係を確認させる。

4 全反射についての説明を聞く〈5分〉

> 光ファイバーの写真です

> 先の方だけ光っていて、とても綺麗ですね

> これは、屈折角が90度よりも大きいときに起きる「全反射」による現象です

・できる限り実際の光ファイバーを用意し、その現象を観察させたい。

・なぜガラスから空気中へ光が進むときのみ全反射が起きるのかを考えさせてもよい。

第⑤時

光の屈折によるものの見え方

本時のねらい

・光が屈折することによって、ものの見え方が変化する様子を観察し、その現象を説明することができる。

本時の評価

・光の屈折の規則性や関係性を見いだして表現している。（思）
・光に関する事物・現象に進んで関わり、見通しをもったり振り返ったりするなど、科学的に探究しようとしている。態

準備するもの

・光源装置・台形ガラス
・お椀・コイン
・ワークシート

付録

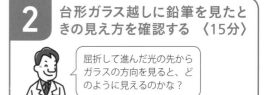

復習　台形ガラスに光を通したら、どのように進むだろうか。

1
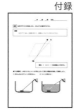

授業の流れ ▷▷▷

1 台形ガラスに光を通すとどのように進むかを調べる　〈10分〉

予想と実験結果は同じでしたか？

はい。入射角・反射角・屈折角それぞれの関係が、学習した通りであることに驚きました

そうですね。入射角の大きさを変化させるなど、光の当て方を変えて調べてみましょう

・前時までの学習を振り返り、実験前に光の進み方を予想させる。
・境界面では、反射と屈折の両方が起きることを確認する。
・時間に余裕があれば、入射角の大きさや光を当てる場所を変えてみるとよい。

2 台形ガラス越しに鉛筆を見たときの見え方を確認する　〈15分〉

屈折して進んだ光の先からガラスの方向を見ると、どのように見えるのかな？

・鉛筆を台形ガラス越しに見ているときの光の進み方は、光源装置の光が台形ガラス中を進むときと同じであることを確認する。
・予想した後に、実際に見え方を確かめる。

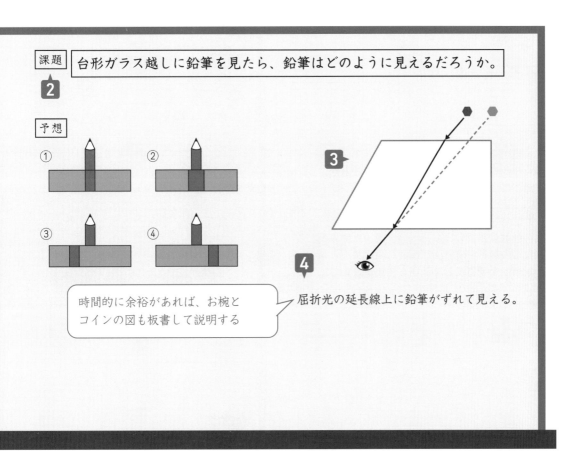

課題 2 台形ガラス越しに鉛筆を見たら、鉛筆はどのように見えるだろうか。

予想

① ② ③ ④

3

4 屈折光の延長線上に鉛筆がずれて見える。

時間的に余裕があれば、お椀とコインの図も板書して説明する

3 なぜ鉛筆がずれて見えたのかについて、自分の考えを発表する〈15分〉

鏡の反射のときは、反射光の延長線上に像が見えたよ

屈折光の延長線上に像が見えている様子を作図してみよう

振り返り

・光の反射による像の見え方の学習を振り返らせ、屈折による像の見え方を考えさせる。

・おおよその像の位置を生徒に作図させることで、課題に対する自分の考えが説明しやすくなる。

4 お椀に水を入れるとコインが浮き上がって見える現象を説明する〈10分〉

屈折光の延長線上にコインの像が見えるのですね

光の屈折によって、見え方が変化する例を他にもいくつか挙げてみよう

・お椀に水を入れることによって、コインからの光が水面で屈折することに気付かせる。

・「見えるようになった」ということは、「光が目に届くようになった」ことを確認する。

第⑥時

太陽の光と虹の色

（本時のねらい）

・太陽光から虹を再現する実験を通して、光が様々な色に分かれることを理解することができる。

（本時の評価）

・光の反射や屈折の実験を行い、光が水やガラスなどの物質の境界面で反射、屈折するときの規則性を見いだして理解している。（知）

（準備するもの）

・光源装置・プリズム
・分光シート

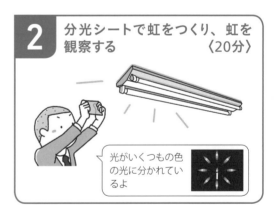

課題｜虹ができる理由を考えよう。

1

・身近な虹を探してみよう。
　・噴水の近く
　・水槽やペットボトルが置かれている机

・虹を作ってみよう。　**2**

（授業の流れ）▷▷▷

1 虹が見えるときの条件を発表し、虹ができる理由について考える 〈10分〉

　身近な虹を探してみましょう

　雨上がりの空や噴水のそばで見たことがあります

　太陽の光と水滴が関係しているのかな？

2 分光シートで虹をつくり、虹を観察する 〈20分〉

　光がいくつもの色の光に分かれているよ

・「シャボン玉」や「CD」など、光の干渉による虹色について発表する生徒もいる。ここでは、屈折による虹との違いについての説明は最小限にとどめ、生徒の主体的な姿勢を評価する。
・雨上がりに見える虹の場合、水滴がプリズムの役割をしている。

・太陽光ではなく、蛍光灯や電球の光で実験を行う。
・プリズムや台形ガラスへ様々な方向から光を当てることでも、壁などに虹を映し出すことができる。

太陽光のような白色光には、いろいろな色がふくまれている。
プリズム等を使って、白色光をいろいろな色の光に分けることができる。

・なぜリンゴは赤いのか。 **3**

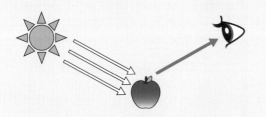

物体に白色光が当たると、特定の色の光
を反射して、物体に色がついて見える。

・色の光が混ざるとどうなるか。 **4**

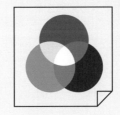

光を混ぜることで、
いろいろな色を表現
できる。

発展的要素を含むため、深入りせずに、
電光掲示板やテレビの画面の様子について
紹介する程度とする

---

3 物体に色がついて見える理由に
ついて説明を聞く 〈10分〉

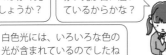

なぜリンゴは赤く見
えるのでしょうか？

赤い光が目に届い
ているからかな？

白色光には、いろいろな色の
光が含まれているのでしたね

そうか。その白色光の中の
赤い光だけが、リンゴの表
面で反射したのですね

・全ての色の光を反射すると物体は白く見え、逆に
　光がほとんど反射しなければ、物体は黒く見える。
・「可視光線」について、用語の説明をしておく。

4 2種類以上の色の光が混ざることで、様々
な色の光を表現できることを知る 〈10分〉

テレビや電光掲示板では、赤・緑・青の三色
を使って、いろいろな色を表現しています
この三色を「光の三原色」といいます

・光の色の見え方には、個人差があることを留意し
　て授業を行う。
・赤・緑・青の三色は、色と色を混ぜてもつくれな
　い。
・発展的要素を含むため、授業時間に余裕があった
　場合に日常生活における三原色を紹介する程度と
　する。

第⑦時

凸レンズによる現象

本時のねらい
・凸レンズによる様々な現象を観察し課題を設定することができる。

本時の評価
・身近な物理現象について、問題を見いだし見通しをもって観察、実験などを行っている。
思

準備するもの
・凸レンズ（ルーペ）
・ワークシート

付録

○凸レンズを使うと、物体はどのように見えるのか。気付いたことをできる限りたくさんあげてみよう。 **1** **2**

・近くの物体は大きく見える。
・遠くの物体は小さく逆さまに見える。
・外の景色をスクリーンに映し出すことができる。
・スクリーンに映った像は上下左右が逆になっている。
・凸レンズとスクリーンとの距離を変えると、像のピントが合ったり合わなかったりする。

授業の流れ ▷▷▷

1 凸レンズで近くのもの、遠くのものを見る 〈5分〉

・生徒全員に凸レンズを配付し、自由に観察させる。
・凸レンズを通して太陽を直接見ないように指導する。
・「凸レンズ」という用語と形の特徴を確認しておく。
・凸レンズを通過した光を紙に映す。

2 凸レンズを使うことによって生じた気付きや疑問をあげる 〈15分〉

凸レンズ越しに遠くの景色を見ると、なぜ逆さまになっているのだろう？

凸レンズを使うと、映画館のようにスクリーンに像が映るのはなぜだろう？

・「気付き」や「疑問」を個人でノート等に記入させた後、班やクラスで共有させる。

課題 気付きをもとに、自分たちで問題を見いだしてみよう。 **3**

凸レンズと物体との距離の違いが、見え方と関係しているのだろうか。

逆さまに見えたり映ったりするのは、凸レンズを通過する光が曲がっているからだろうか。

班ごとに紙やホワイトボードに記入したものを貼り付ける

今後クラスで取り組んでいく課題 **4**

・光源と凸レンズとの距離によって、像の大きさや向き、ピントの合い具合がどのように変化するのか調べる。

・凸レンズに入る光がどのように進むのか調べる。

---

3 共有した気付きや疑問を基に課題を設定する 〈15分〉

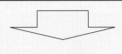

像の大きさは何に関係しているのかな？

凸レンズとスクリーンとの距離を変えたら大きさも変わったよ

距離を変えたらピントの合い具合も変わったよね

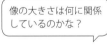

課題の設定

・「気付き」や「疑問」を「課題」とするためには「〜は〜と関係しているのか」「〜は〜が原因ではないか」といった表現方法にするとよいことを伝える。

4 クラスとして取り組んでいく課題を一つか二つにまとめる 〈15分〉

課題設定

皆で考えたこの「課題」を授業で解決していきましょう

・クラス内での意見交換をしながら、似た意見をまとめていく。
・今回であれば、「凸レンズの距離による見え方の変化」と「光の進み方」に対する課題が設定されれば、クラスごとに多少表現が異なっていてもよい。

第⑧時

凸レンズによる像のでき方

〔本時のねらい〕
・光源の位置を変えたときの凸レンズによる像のでき方を調べ、結果を表にまとめることで、像ができる条件を整理し、理解することができる。

〔本時の評価〕
・凸レンズの働きの規則性や関係性を見いだして表現している。（思）

〔準備するもの〕
・光学台、凸レンズ（焦点距離がわかるもの）スクリーン（半透明のもの）光源（物体）
・ワークシート

付録

課題 光源と凸レンズとの距離によって、像の大きさや向き、ピントの合い具合がどのように変化するのか調べよう。

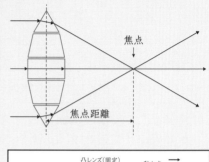
焦点
焦点距離

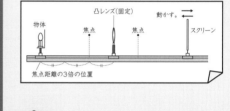
凸レンズ（固定）　動かす。
物体　　焦点　　　　焦点　　スクリーン
焦点距離の3倍の位置

〔授業の流れ〕 ▷▷▷

1 前時に見いだした課題を確認する 〈5分〉

光源と凸レンズとの距離によって、像の大きさや向き、ピントの合い具合がどのように変化するのか調べたいと思います

光源と凸レンズとの距離を変化させながら、ピントが合うスクリーンの位置を調べればよいのですね

・時間に余裕があれば、どのような実験器具でどのような実験方法が必要かを考えさせてもよい。

2 凸レンズによる像のでき方を調べる 〈20分〉

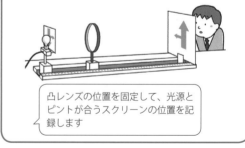

凸レンズの位置を固定して、光源とピントが合うスクリーンの位置を記録します

実験

・実験器具の使い方を説明する。
・実験で用いる凸レンズの焦点距離は生徒に事前に伝えておく。
・スクリーンは半透明のものを用いて、凸レンズとは反対側の面から見た像の向きを確認させる。

2

凸レンズと光源の距離	凸レンズと像の距離	実物と比べた像の大きさ	実物と比べた像の向き	凸レンズを通して見た光源の様子
焦点距離の3倍 (30cm)				
焦点距離の2倍 (20cm)				
焦点距離の1.5倍 (15cm)				
焦点距離 (10cm)				
焦点距離の0.5倍 (5cm)				

考察 **3**

・物体と凸レンズの距離が近くなるほど、像は凸レンズから遠ざかり、大きくなる。
・物体が焦点の位置よりも遠いとき、像は上下左右逆になる。
・物体が焦点の位置より近いとき、スクリーンに像はできず、凸レンズを通して
　上下左右が同じ大きな像が見える。

4

実像：
光が実際に集まってできる像
例）カメラのフィルムに映る像
　　映画のスクリーンに映る像

虚像：
実際に光が集まってできた像で
はなく、物体のないところから
光が出ているように見える像
例）虫眼鏡や顕微鏡で拡大
　　した像
　　鏡に映った像

---

3 実験結果を基に、凸レンズを通る光の規則性を確認する　〈15分〉

物体と凸レンズを近づけると、像の位置や大きさはどのようになると考えられますか

物体が凸レンズに近づくほど、像は大きくなります

物体が凸レンズに近づくほど、像の位置は焦点から遠ざかります

分析・解釈

・物体が焦点より近くにあると、スクリーンに像は
　できない。このとき凸レンズを通して物体を見る
　と、上下左右が物体と同じ向きの大きな像が見え
　る。
・物体が焦点上にあるときは、像ができない。

4 実像・虚像の説明を聞く　〈10分〉

虚像にはどのような例がありますか？

授業で見た鏡に映った像やガラスを通してずれて見えた鉛筆の像などです

虫眼鏡や顕微鏡で拡大した像も虚像です

・既習事項を振り返り、物体のないところから光が
　出ているように見えた像が虚像であることを確認
　する。

凸レンズを通る光の道筋の作図

（本時のねらい）

・凸レンズを通る光の道筋を作図することで、物体と凸レンズの距離による実像の大きさや向きの変化を理解することができる。

（本時の評価）

・凸レンズの働きの規則性や関係性を見いだして表現している。知

（準備するもの）

・定規

課題　凸レンズを通る3つの特徴的な光の道筋を作図することで、像の大きさや位置を求めよう。

2

①凸レンズの光軸に平行な光
　⇒　反対側の焦点を通る。

②凸レンズの中心を通る光
　⇒　直進する。

③焦点を通る光
　⇒　光軸に平行に進む。

（授業の流れ）▷▷▷

1　「ピントが合う」とはどういうことか説明を聞く　〈10分〉

A にあるスクリーンではピントが合わず、B にあるスクリーンではピントが合います

・凸レンズはその性質上、レンズに入る光は同じ点に集まることに留意する。

・炎の先の1点から発した光が、A の位置では、複数の点に分かれているため、像がぼやけてしまう。

2　3つの特徴的な光の道筋を作図する　〈15分〉

無数にある光源からの光のうち、特徴的な3つの光です

実習

・マス目付きのワークシートに作図させる。

・3つの光の道筋しか作図しないが、実際には光源からあらゆる向きに光が出ていることに留意する。

❸

物体（光源）が焦点の外側にある場合

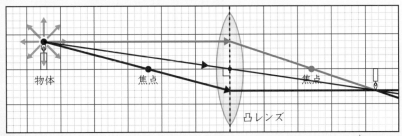

凸レンズ

❹

物体（光源）が焦点の内側にある場合

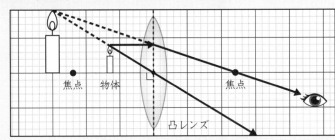

凸レンズ

3つの特徴的な光の道筋を、色分けしながら丁寧に板書する

---

3 凸レンズと光源の距離を変化させ、像の位置と大きさを調べる〈15分〉

凸レンズと光源の距離を（30cm）→（20cm）→（15cm）と短くしていったら、像は大きく、凸レンズからの距離は遠くなっていくことが作図からわかったよ

この作図の結果は、前時の実験結果と全く同じになりましたね

4 虚像の作図の仕方を理解する〈10分〉

光源の位置が焦点よりも内側にある場合、実像はできますか？

作図してみると、光が集まらないので実像はできません

前時の実験では、スクリーン側から凸レンズをのぞいたのでしたね

屈折光の延長線上から光が出ているように見えるわけだから…

・特徴的な3本の光の道筋のうち、2本が書ければ像の位置と大きさを求められる。

・凸レンズと光源の距離が焦点距離のちょうど2倍のとき、像の大きさが物体と同じで、位置が凸レンズに対して対称の位置となる。この結果も実験結果と同じである。

・虚像の見える位置や大きさも、前時の実験と同じ結果となったことを確認する。

・作図を苦手としている生徒は多い。演習を行い、光の学習全体で取り組んできた像の見方・かき方を繰り返し練習する。

第⑩時

音の伝わり方

本時のねらい

・様々な音源にさわったり、観察したりすることを通して、音に関しての問題を見いだし、課題を設定することができる。

本時の評価

・身近な物理現象について、問題を見いだし見通しをもって観察、実験などを行っている。
（思）

準備するもの

・共鳴音さ
・風船
・真空鈴
・粗密波を説明するためのばね
・ワークシート

付録

1

・音が出ているときは、物体が振動している。
・振動を止めたら、音が鳴りやんだ。
・触っていない音さが振動した理由は、空気中を振動が伝わったからではないか。

2 課題

音源から出た音はどのように伝わっていくのだろうか。

授業の流れ ▷▷▷

1 音が振動によって発生することを知る 〈15分〉

音源に触ってみましょう。気が付いたことはありますか？

音を出した音さを水面に近付けたら、激しく水しぶきがたちました。音さが振動していることが分かりました

・音源が振動している様子をできる限り確認する。
　①水面で音をたたく。
　②音が鳴っているスピーカーに触れる。
・振動を止めると音がどうなるかについても確認する。

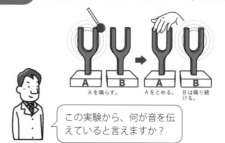

2 共鳴音さの実験を行い、何が音を伝えているか考える 〈15分〉

Aを鳴らす。　Aをとめる。　Bは鳴り続ける。

この実験から、何が音を伝えていると言えますか？

課題の設定

・共鳴音さの実験から気が付いたことや疑問に思ったことを発表させ、生徒自ら問題を見いださせる。
・空気の振動に気付かせるためには、音さの実験以外にも、手に持った風船に向かって声を出す方法もある。
・アーティスティックスイミングや、糸電話を例に挙げ、気体だけでなく、液体や固体も音を伝えることを伝える。

音源 → 空気 → 鼓膜 → 神経 → 脳
（液体・固体）

4 ※音は真空中では伝わらない。

粗密波の様子が伝わる
ような図を示す

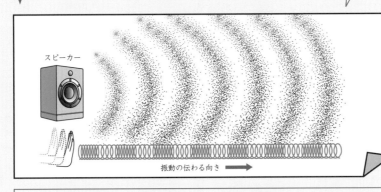

スピーカー

振動の伝わる向き →

空気（液体・固体）中、音は波として伝わる。

3 真空鈴を用いて、空気が音を伝えていることを確かめる実験を行う　〈15分〉

音を伝える空気が少なく
なったから、音が小さく
なったんだね

4 音の伝わり方について
説明を聞く　　〈5分〉

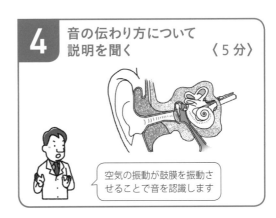

空気の振動が鼓膜を振動さ
せることで音を認識します

・真空鈴の中にはプロペラが回っていて、空気がある
　ときだけ、テープが風になびいている。
・音は固体中も伝わるため、ブザーは糸などでつる
　され、極力容器に触れないようにしている。

・音の粗密波が模式的に描かれている図を紹介し、
　波として伝わることに触れる。実際のばねを用い
　て粗密波を説明するとよい。
・「真空中である宇宙空間で音は聞こえるのか」につ
　いて考えさせる。

第⑪時

音の伝わる速さ

（本時のねらい）
・花火や稲光の光と音のずれについて話し合い、光った場所と観察場所とのおよその距離を求めることができる。

（本時の評価）
・音はものが振動することによって生じ、空気中などを伝わること及び音の高さや大きさは発音体の振動の仕方に関係することを見いだして理解している。（知）

（準備するもの）
・花火や稲光を撮影した動画
・ストップウォッチ
・ワークシート

付録

○音の速さを知ろう。　1

復習

速さ[m/s] ＝ 距離[m] ／ 時間[s]

音の速さ：約340m/s

※光の速さ：約30万km/s
（音の速さの100万倍）

花火の動画を観て気がついたこと

・花火が見えてから音が聞こえるまで3秒かかった。　2

（授業の流れ）▷▷▷

1　音の伝わる速さについて話し合う　〈10分〉

音の速さはどのくらいですか？

1秒間に約340m進む速さです

とても速いですね。でも、光の速さと比べると100万倍も遅いのですね。雷の光と音がずれていることに関係があるのかな？

・打ち上げ花火や陸上競技のピストル音など、同様の例も紹介する。

2　遠くの花火を撮影した動画を見る　〈15分〉

打ち上げ花火の音が遅れて聞こえた。どれくらい遅れているか時間を測ってみよう

・光が見えてから音が聞こえるまでの時間に差があることを確認する。
・動画の撮影場所から打ち上げ場所までの距離を地図などで調べ、音の速さを計算で求めることをしてもよい。

課題 なぜ遠くの花火を見るとき、音が遅れてくるのだろうか。 **3**

 ← 光は一瞬

文字だけでなく、簡単な図で示すとよい

 ←‑‑‑ 音は時間がかかる

4

◎音の伝わる速さ
　空気中：約340m/s
　水　中：約1500m/s
　鉄の中：約6000m/s

例題 花火が見えてから音が聞こえるまで3秒かかった。
花火までの距離はおよそどれくらいか。

340m／s × 3s ＝ 1020m

3 光と音が同時に届かない理由について意見を出し合う 〈20分〉

光の速さが30万km／sということは、一瞬で目に届きますね
音は……

4 空気中以外の音の速さを知る 〈5分〉

空気中と固体中とでは、どちらの方が速く音を伝えるのですか？

駅のホームで、電車の姿が見えないのに、線路がガタガタ鳴っていることがあります
固体の方が振動しやすく、音を伝えやすいのです

対話的な学び

・光と音がずれる理由について理解できた後は、ずれの時間と音の速さから、花火までのおおよその距離を求める演習問題を行う。

・音の伝わる速さは、伝わる物質によって異なり、一般に空気よりも液体や固体の方が速く伝わることを理解させる。

第⑫時

音の大きさと高さ

〔本時のねらい〕

・弦をはじいたときの音の大きさや高さの違い
と振動のしかたの関係を調べ、その関係性を
見いだすことができる。

〔本時の評価〕

・音の性質の規則性や関係性を見いだして表現
している。思

〔準備するもの〕

・弦楽器の画像
・モノコード
・ストロー

付録

○種類が異なる弦楽器を見て、
気が付いたこと・疑問に思った
ことをあげてみよう。

弦楽器の大きさの違いがわかる画像を示す

1 ・形は似ているけれど、大きさ
が色々とある。
・楽器の大きさが違うと、音の
何が変わってくるのだろうか。

生徒の意見を板書する

課題　音の大きさや高さは何と
関係しているのだろうか。

〔授業の流れ〕▷▷▷

1 弦楽器から気が付いたことを
挙げる　〈10分〉

形は似ているけれど、大きさが色々とあるね

・オーケストラの写真を見せるなど、様々な大きさ
の楽器があることに気付かせる。

・ピアノや木琴などの例を挙げ、一つの楽器の中で
音の大きさと高さをどのように変化させているか
考えさせてもよい。

・音の高低と大小は違う意味であることを押さえさ
せる。

2 課題を解決するためには、どのような
実験をすればよいか考える　〈10分〉

モノコード

弦をはじく強さ
を変えてみよう

そのときは、弦の長さは同じ
にする必要があるね

〔条件制御〕

・モノコードの使い方を理解させておく。

・振幅と振動数について用語の意味を伝えておく。

・変化させる条件と変化させない条件を明確にさせ
る。

弦をはじく強さ	変化させない条件	音の大きさ	振動のようす
強い ↕ 弱い	・弦を張る強さ ・弦の長さ	大きい ↕ 小さい	振幅が大きい ↕ 振幅が小さい

2

弦を張る強さ	変化させない条件	音の高さ	振動のようす
強い ↕ 弱い	・弦をはじく強さ ・弦の長さ	高い ↕ 低い	振動数が多い ↕ 振動数が少ない

弦の長さ	変化させない条件	音の高さ	振動のようす
短い ↕ 長い	・弦をはじく強さ ・弦を張る強さ	高い ↕ 低い	振動数が多い ↕ 振動数が少ない

○弦をはじく強さを変えると、音の大きさが変化する。 4

○弦を張る強さ、長さを変えると、音の高さが変化する。

---

3 モノコードを用いて、弦をはじいたときの音の大きさや高さを調べる〈15分〉

実験

・弦をはじく強さ、弦の長さ、弦を張る強さを変えて、音の大きさと高さがどのように変化したかを記録させる。

4 実験結果を分析・解釈する 〈15分〉

音の大きさや高さを変える条件は何ですか？

音の大きさを変える条件は、弦の振幅の大きさです

他の条件が同じであれば、弦をはじく強さをいくら変えても、音の高さは変わらないのですね

・弦の太さを変える実験は、ギターを用いた演示で確認する。

第⑬時

振幅と振動数

本時のねらい

・音の波形から、振動の様子と音の大きさ・高さとの関係を見いだすことができる。

本時の評価

・音の性質の規則性や関係性を見いだして表現している。（思）
・光と音に関する事物・現象に進んで関わり、見通しをもったり振り返ったりするなど、科学的に探究しようとしている。態

準備するもの

・オシロスコープ
・マイク
・ギターなどの楽器
・音さ

付録

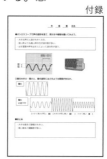

課題

音の大きさ・高さと、音の波形にはどのような関係があるか。

声の波形を見て気付いたこと　**1**

・大きな声だと波が大きくなる。
・低い声よりも高い声の方が波の数が多い。
・出す言葉や声を出す人によって波の形が違う。

> 生徒の気付きや疑問をできる限り板書する

授業の流れ ▷▷▷

1 オシロスコープは音を波の形で表示できることを知る　〈10分〉

> 大きな声を出したら、波が大きくなったよ

・声だけでなく、ギターなどの楽器の音による波形も確認しておく。
・音源によって波の形が異なるが、音の大きさや高さに注目した場合に共通していえることは何かを発表する。

2 音の波形と音の大きさや高さとの関係を確認する　〈10分〉

> 音さによる波形は振動数が数えやすくて、音の違いによる波形の違いが比較しやすいですね

・縦軸は音の振れ幅、横軸は時間を示していることを十分に説明してから考察させる。
・音の大きさを一定にすることは難しいため、ある程度観察させた後、考察や説明用に教科書等の波形を見せるとよい。

2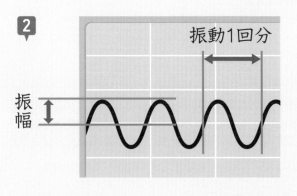

振動1回分

振幅

> 手書きのものではなく、教科書等の説明用の波形を示した方がよい

大きくて低い音　小さくて低い音　大きくて高い音　小さくて高い音

---

3 音の大小・高低を決める条件は同じか調べる 〈15分〉

> 長さが異なる「ストロー笛」や水の量が異なる「グラスハープ」を作ってみて、音の違いを確かめてみましょう

ものづくり

・身近な楽器を教材にすることで、音の高低がイメージしやすく、理解を深めることができる。
・短時間でできる「楽器作り」は、生徒の関心を高める。

4 学習を通して生じた疑問や気付きをノートへ記入する 〈15分〉

> 救急車のサイレンが高くなったり低くなったりすることに疑問を持ちました。運動しながら音を出している場合、振動数がどのように変化するのかを知りたいと思いました。

・「音」は、生徒にとって大変身近であるため、日常生活を過ごす中で多くの疑問や気付きがあるはずである。それらの疑問が学習した内容と結び付き、主体的に学習できる生徒を育てたい。

2 力の働き 7時間扱い

単元の目標

　物体に力を働かせる実験を行い、その結果を分析して解釈することを通して力の働きやその規則性を見いださせ、力は大きさと向きによって表されること、物体に働く 2 力のつり合う条件など、力に関する基礎的な性質やその働きを理解させるとともに、力に関する観察、実験の技能を身に付けさせる。

評価規準

知識・技能	思考・判断・表現	主体的に学習に取り組む態度
力の働きに関する事物・現象を日常生活や社会と関連付けながら、力の働きについての基本的な概念や原理・法則などを理解しているとともに、科学的に探究するために必要な観察、実験などに関する基本操作や記録などの基本的な技能を身に付けている。	力の働きについて、問題を見いだし見通しをもって観察、実験などを行い、力の働きの規則性や関係性を見いだして表現しているなど、科学的に探究している。	力の働きに関する事物・現象に進んで関わり、見通しをもったり振り返ったりするなど、科学的に探究しようとしている。

既習事項とのつながり

⑴小学校 3 年：風やゴムの力で、ものを動かすことができ、風やゴムの力の大きさが変わると、ものが動く様子も変わることを学習している。
⑵小学校 3 年：磁石の異なる極どうしは引き合い、同じ極どうしは退け合うことを学習している。
⑶小学校 5 年：算数で比例の関係を学習している。
⑷中学校 1 年：数学で比例のグラフは原点を通る直線になることを学習する。

指導のポイント

　身の回りには、力に関する現象があふれている。これらの現象の中から、生徒が主体的に問題を見いだすことで、思考力・判断力・表現力が養われると考える。そのためには、数多くの力に関する現象を生徒に観察・体験させることが大切である。あまりにも身近すぎて、疑問にも思わない現象について「力とは何か」を学んでいくことで、一つ一つ解明していく単元計画となっている。
⑴本単元で働かせる見方・考え方
　力が見せる様々な現象を質的・実体的な視点でとらえ、力の性質の規則性や関係性を見いださせる。
⑵本単元における主体的・対話的で深い学び
　力が見せる現象を観察・体験させる中から、生徒に様々な気付きをさせる。個人の気付きを班やクラスで共有していく過程で主体的な問題発見・仮説設定へとつなげていく。

指導計画（全7時間）

㋐ 力の働き（7時間）

時	主な学習活動	評価規準
1	◀ 対話的な学び 「力の働き」 力にはどのような働きがあり、どのような種類があるのかを知る。	(知)
2	「力の種類」 力にはいろいろな種類があることを知る。	(知)
3	計画の立案 「力の大きさとばねの伸び」 ばねに加わる力の大きさとばねの伸びの関係を調べる。	思
4	分析・解釈 実験 「フックの法則」 実験データをもとにグラフを作成する。	知
5	「重力と質量・力の表し方」 重力と質量の違いを知り、力を表す矢印の書き方を理解する。	(知)
6	実験 「力のつり合い」 2つの力がつり合うときの力の大きさや向きに関する条件を調べる。	(知)
7	◀ 対話的な学び 「2力のつり合いのまとめ」 身の回りのものについても、2力のつり合いが成り立つか考える。	態

第①時

力の働き

（本時のねらい）

・力の働きを、種類ごとに分類して捉えること
ができる。

（本時の評価）

・物体に力が働くとその物体が変形したり動き
始めたり、運動の様子が変わったりすること
を理解している。（知）

（準備するもの）

・力が働いている場面が捉えやすい動画や写真

課題

日常生活に見られる様々な力は、
どのようなはたらきをするか。

○ 日常生活の中で、どのような場面
で力がはたらいているか考えてみよ
う。
・車が走る。
・ボールを投げる。
・ドアを開ける。　　　　など

○ 力がはたらいている場面を見て感
じたことを発表しよう。
・力のはたらき方にはいくつかの種類
があるのではないか。
・すべての物体に何らかの力がはたら
いている。

（授業の流れ）▷▷▷

1 日常生活の様々な場面で見られ
る力について考える　〈5分〉

日常生活に見られる力には、
どのようなものがあるかな？

小学校では、風やゴムの力で
走る車を作ったな

・小学校での学習を想起させ、スムーズに学習へと
つなげる。
・日常生活と結び付けられるようにする。

2 力の働いている場面について
考える　〈15分〉

よく似た感じのものも
あるなぁ

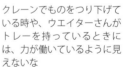

クレーンでものをつり下げて
いる時や、ウエイターさんが
トレーを持っているときに
は、力が働いているように見
えないな

・力の働きには似たものがあり、いくつかの仲間に
分けられることに注目することができるようにす
る。

3

○ 力がはたらく様々な現象を比較して、視点をもって3つのグループに分類しよう。

> グループ1（変形させる）
> ・粘土
> ・空き缶を踏む

> グループ2（動かす）
> ・ボーリング（ピンが飛ぶ）
> ・バッティング

> グループ3（　　　　）
> ・クレーン
> ・ウエイター

まとめ **4**

◎ 日常生活では、様々な場面で力がはたらいている。
◎ 力のはたらきには
①物体の形を変える。
②物体の運動の状態を変える。
③物体を支える。

　　　　　　　　　　がある。

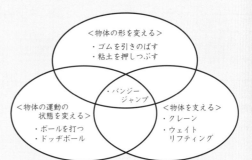

<「物体の形を変える」
・ゴムを引きのばす
・粘土を押しつぶす>

・バンジージャンプ

<物体の運動の状態を変える>
・ボールを打つ
・ドッヂボール

<物体を支える>
・クレーン
・ウェイトリフティング

---

3 様々な力はどのような働きに分類することができるか話し合う〈15分〉

粘土も空き缶もつぶれたね

グループ3の視点は、どう表現したらいいかな？

▷ **対話的な学び**

・個人→班→全体という段階を意識させる。また、他者との意見交流による自らの概念の変容を意識できるよう、ノートの記述を工夫させる。
・力そのものは目に見えないので、力の種類ではなく、働きで分類させる。

4 力の働きについてまとめる 〈15分〉

視点をもって分類すると、目に見えない力を捉えやすいね！

まとめ

・運動の状態を変えるというのは、速さや向きが変わることである。
・物体を支える働きは生徒にとって理解しにくいので、「支える働きがなければ物体は落下する」などの具体的な例を示して体感的に捉えさせるとよい。

第②時

力の種類

本時のねらい

・力は直接物体同士が触れ合った状態で働く場合と、離れていても働く場合とがあることを指摘することができる。

本時の評価

・力が働いている現象を見て、いろいろな種類の力について説明している。（知）

準備するもの

・いろいろな種類の力を実感できる材料
（各班１つ）
　　弾性力…ゴム、スポンジ
　　摩擦力…紙やすりと木の板
　　磁力…ドーナツ磁石と棒
　　電気の力…ストロー

課題

力の種類にはどのようなものがあるか。

○ 力が働いている様々な現象について、説明してみよう。　　3

□ゴム
・伸びる→縮む。
・引っ張る力が強いと、もとにもどろうとする力も大きくなる。
　　　　　　　　　　　【弾性力】

□スポンジ
・力を加えると形が変わる。
・離すともとにもどろうとする。
　　　　　　　　　　　【弾性力】

授業の流れ ▷▷▷

1 色々な種類の力を見る 〈10分〉

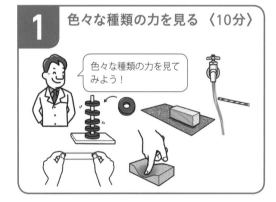

色々な種類の力を見てみよう！

・教師が演示して、いろいろな現象を見せる。
・「弾性力」や「摩擦力」など生徒が知っている力を確認することで、力の種類に着目して現象を見ることを押さえる。
・日常生活と結び付けられるよう意識する。

2 班で繰り返し現象を観察し、気付いたことを記録する 〈15分〉

それぞれの現象で、どんなことに気付けるかな？

すごい。水が曲がってる。ストローは触れてないのに…

強く押しても、全然動かない

・それぞれの現象について、小さな気付きも大切にする。

まとめ **4**

（物体どうしが触れ合った状態で働く力）
　弾性力　　摩擦力　　垂直抗力

（物体同士が離れていても働く力）

　重力　　磁石の力　　電気の力

□紙やすりと木の板
・木を強く押しつけると、より動きにくい。
　　　　　　　　　　　　　　【摩擦力】

□ドーナツ磁石と棒
・2つの磁石が反発することで、磁石が宙
　に浮く。
　　　　　　　　　　　　　　【磁石の力】

□ストローと水
・ほんの少しじゃ口をひねって水を出し、
　こすったストローを近づけると、水流が
　曲がる。

　　　　　　　　　　　　　　【電気の力】

---

3 班で気付いたことを共有し、発表する　〈15分〉

ゴムやスポンジの種類を変えると違いがあるのかな？

これらの力は、強さを変えることができそうだね

・各班の意見（気付き）を共有し、色々な種類の力について、自分の考えを再構成させる。

4 力の種類についてまとめる　〈10分〉

いろいろな種類の力は、こんな視点で分類することもできるね

まとめ

・摩擦力のように接触して働く力と、磁力の力のように離れていても働く力があることを押さえる。
・主な力の種類として、「弾性力」「摩擦力」「垂直抗力」「重力」「磁石の力」「電気の力」があることを押さえる。

第③時

力の大きさとばねの伸び

本時のねらい

・力の大きさとばねの伸びの関係を調べる実験を計画することができる。
・グラフの書き方を身に付けることができる。

本時の評価

・力の大きさとばねの伸びの関係を調べる実験を、見通しをもって計画している。思

準備するもの

・ばね（A、Bの2種類）
・おもり
・定規
・スタンド　・方眼紙
・ワークシート

付録

  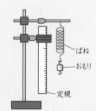

課題

力の大きさとばねの伸びにはどのような関係があるか。 **1**

□力のはかり方
　ばねばかり
　…ばねの伸び方で力の大きさをはかることができる。
・ばねの伸びが同じなら、力の種類は違っても、2つの力は同じ。
□力の大きさの単位
　100gの物体に働く重力を1N（ニュートン）とする

方法 **2**

①右のような実験装置を準備する。
②同じおもりを1個、2個…と増やしていきばねの伸びを測定する。
③強さの違うばねBに変えて行う。

ばね
おもり
定規

授業の流れ ▷▷▷

1　力の大きさを調べる方法を考える 〈10分〉

ばねに働く力とばねの伸びの関係を調べるにはどうすればよいかな？

ばねにおもりをつるして、ばねの伸びを調べてみよう

おもりが多いほど、ばねの伸びは大きいと思う

・100gのおもりを持たせたり、ばねばかりを1Nの力で引かせたりして、1Nの力を実感させる。
・実験結果を予想させるとよい。

2　実験の方法を計画する 〈10分〉

実験の方法をしっかり確認しておこう。変化させた量や変化した量を意識することが大切だね！

おもりの数を増やすと、ばねにかかる力の大きさが大きくなるんだな。その他の条件は全て統一しなければいけないな

計画の立案

・おもりをつるしたときの長さから元の長さを引いて、「ばねの伸び」として考えるようにする。
・規則性を見いだすために、2種類以上のばねを用いる必要があることを押さえる。
・「変化させた量」と「変化した量」の視点をはっきりと意識できるようにする。

〈視点〉

変化させた量…おもりの数
変化した量…ばねの伸び

〈結果〉

〈表〉

おもりの数（個）		0	1	2	3	
ばねの伸び（cm）	A					
	B					

〈グラフ〉

〈グラフの書き方〉
①横軸…変化させた量
　縦軸…変化した量
　※グラフタイトルと単位
②測定値を踏まえて、軸に目盛りをいれる。
③測定値を正確に●で記入する。
④曲線または直線を引く。
（自然現象はなめらかに変化する。×折れ線）
⑤グラフはグラフ用紙の端まで書く。

（グラフ練習の例）

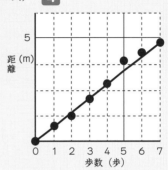

グラフの書き方を確認する〈15分〉

ここではグラフを書く際の
ポイントを確認しておこう

グラフを使う方が、関係性が
見やすそうだな

・結果はすぐにグラフにするのではなく、まずは正確に表に記録することを確認する。
・最初は目盛りの書かれたグラフ用紙を用いるなど、生徒の実態に合わせた工夫をするとよい。

実際にグラフを書く練習をする
〈15分〉

グラフは折れ線にはしません
直線かなめらかな曲線で書きます

自然現象はなめらか
に変化して、直線か
曲線になるのか

・歩数と移動距離など、扱いやすいデータでグラフを書く練習をするとよい。
・折れ線グラフにしないことを強調する。
・机間指導や班でお互いにチェックし合う活動を通して、細かな点まで意識できるようにする。

第④時

フックの法則

（本時のねらい）

・計画に基づいて実験を行い、結果を分析・解釈して、ばねに加わる力の大きさとばねの伸びの関係を見いだすことができる。

（本時の評価）

・実験結果に基づいて、ポイントを意識してグラフを作成している。知

（準備するもの）

・ばね（A、Bの2種類）
・おもり
・定規
・スタンド
・方眼紙
・前時のワークシート

課題

力の大きさとばねの伸びにはどのような関係があるか

方法

①同じおもりを1個、2個…と増やしていきばねの伸びを測定する。

②強さの違うばねBを使って同じように測定する。

ばね
おもり
定規

（授業の流れ）▷▷▷

1 前回の復習をして実験方法を確認する 〈5分〉

ポイントは何だったかな？実験方法をよく確認して行う

変える条件は「おもりの数」「ばねの強さ」だったな

・前回の授業で行った実験計画を復習し、ポイントを意識しながら見通しをもって実験を行うことができるようにする。

2 実験を行う 〈20分〉

器具を操作する人や記録をとる人など、役割分担を意識して実験を行おう

実験

・実験の際には、実験操作を行う人や記録をとる人など、協力して効率よく取り組むよう伝える。

・まずは、実験結果を正確に表に記入することを確認する。

・実験終了の目安となる時間を示し、考察までの流れを意識させる。

結果 **3**

おもりの数(個)		0	1	2	3	4
ばねの伸び(cm)	A	0	0.50	1.03	1.45	1.92
	B	0	1.00	1.90	2.90	4.07

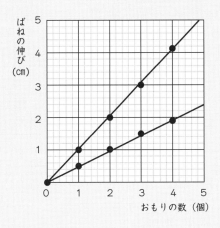

考察 **4**

・おもりの数 増(ばねに加わる力 大)
　⇒ばねの伸び 大

・グラフが直線的に増加
　⇒おもりの数
　　ばねの伸び ｝比例関数

まとめ：
　ばねの伸びは、ばねを引く力に比例する。
　→フックの法則

　例)ばねばかり

---

3 実験結果をグラフにまとめ、おもりの数
とばねの伸びの関係を考える 〈15分〉

折れ線グラフにならないように
しよう。さあ、どんな関係
が見いだせるかな

予想通りばねの伸びは
大きくなったね。何だ
か規則性がありそうだ
ね

分析・解釈

・実験結果が得られたら、速やかに班で共有するよ
　う伝える。
・考察する際には、まずは個人でしっかりと考え、
　自らの考えはきちんとノートに記述させるように
　する。

4 考察を共有し、フックの法則に
ついてまとめる 〈10分〉

グラフにはどんな
特徴があるかな？

このような関係
をフックの法則
といいます

原点を通り直線的
に増加していま
す。比例の関係だ
と思います

・班や全体で考察を共有し、他の人の意見を参考に
　しながら、自らの考えを再構成させる。

第⑤時

重力と質量・力の表し方

本時のねらい
・力を矢印で表すことができる。
・重力と質量を、その違いを理解し、区別して捉えることができる。

本時の評価
・力の三要素を意識して、力を矢印で作図している。（知）

準備するもの
・定規

【課題】

力はどのようにして表すことができるか。

□力は矢印で表す〈力の三要素〉　**2**
・大きさ…矢印の長さ
・向き　…矢印の向き
・作用点…矢印のねもと

作用点　力の向き　力の大きさ

・重力…物体の中心から1本の矢印で表す。
・垂直抗力…その面の1点を作用点として1本の矢印で表す。

垂直抗力　重力

【授業の流れ】▷▷▷

1 同じ力でも加え方が異なると、物体の動きが異なるのはなぜか話し合う〈10分〉

同じ力を加えたら、いつも同じ運動をするのかな？

同じ力で打ってもなかなか同じ球は打てないな

・力の向きによって、働きが変わることを、話し合いの中から見いだせるようにする。
・同じ力で押したり、引いたりしても向きが同じなら、働きも同じであることを押さえる。
　「下向きに押す」＝「下向きに引く」

2 力の表し方を説明する〈15分〉

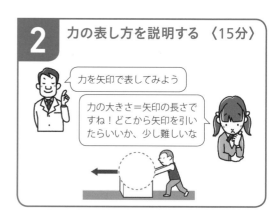

力を矢印で表してみよう

力の大きさ＝矢印の長さですね！どこから矢印を引いたらいいか、少し難しいな

・力の三要素を押さえる。
・「作用点」と、てこの「力点」とを混同してしまわないようにする。
・バールなどを例に具体例を示し、イメージが湧きやすいようにする。

～作図の練習～ 3

　次のような場合、力の矢印はどうなるだろうか。

・かべを、手が水平におす2Nの力
　（1Nを1cmとする。）

・粘土を、手がおす2Nの力
　（1Nを1cmとする。）

・天井を、電灯のコードが引く30Nの力
　（10Nを1cmとする。）

重力と質量の違いは何か。 4

○重力（単位：N）
・場所によって変わる。（ばねばかり）
○質量（単位：g）
・場所によって変わらない。（上皿てんびん）

【質量と重さ（重力の大きさ）】

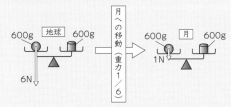

---

3 矢印を作図する練習をする 〈15分〉

こんな力も矢印で表せるかな？力の三要素をしっかりと意識しよう

作用点をしっかりと意識して書こう

力が何から何に働いているかをしっかり意識することが大切だね

・1N（または10N）が何cmとして考えているか、よく問題を確認しなければいけない。

4 重力と質量の違いを説明する 〈10分〉

地球上では、おもりの質量が同じなら、どこでも同じ重力なのですか？

鋭いね！実は地球上でも、同じ質量の重力の値には違いがあるんだよ

・場所によって重力は異なるが、物質自体がなくなって質量がなくなったわけではないということを押さえる。
　（例：スペースシャトル内では、ばねばかりの値は0になるが、その物体自体がなくなったわけではない。）

第⑥時

力のつり合い

付録

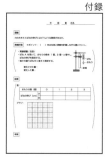

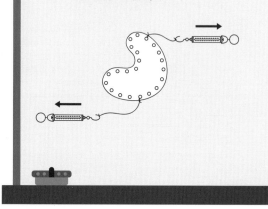

課題

2つの力が1つの物体に働いて
いるのに物体が動かないとき、
2つの力にはどのような関係が
あるか。

方法 2

①厚紙を2か所から、ばねばかりで引
いて、静止させる。
②この時の、ばねがかりの値、力の向
き、穴の位置を記録する。

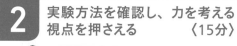

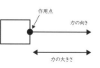

授業の流れ ▷▷▷

1 日常生活における力のつり合いについて考える　〈10分〉

力が働いているのに、
動かないね

力がつり合っているということ
かな？何か条件があるのかな？

・何気なく捉えている日常の現象を取り上げ、それ
らを科学的に"力"の視点で改めて考えさせるこ
とで、力がつり合うための条件を調べようという
意欲をもたせる。

2 実験方法を確認し、力を考える視点を押さえる　〈15分〉

力を考えるとき
に大切な視点は
何だったかな？

作用点
力の向き
力の大きさ

力は矢印で表せます
力の大きさが矢印の長さ、力の向きが矢
印の向き、作用点が矢印のねもと、です

・実際に道具を見せながら説明し、実験のイメージ
をもちやすいようにする。
・力を考える視点（力の三要素）をしっかりと押さ
えた上で、実験を行わせる。

結果 3

厚紙①

2N ← 　→ 2N

厚紙②

3N ← 　→ 3N

考察 4

　2つの力が1つの物体に働いているのに、物体が静止している。

⇒ 2力はつり合っている。

2力のつり合う条件
- 大きさが同じ
- 向きが逆向き
- 一直線上

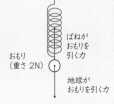

おもり
（重さ 2N）

ばねが
おもりを
引く力

地球が
おもりを引く力

---

3 つり合いの実験を行い、結果をまとめる 〈15分〉

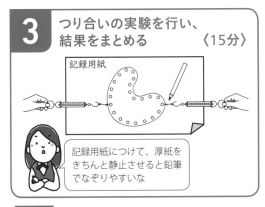

記録用紙

記録用紙につけて、厚紙をきちんと静止させると鉛筆でなぞりやすいな

実験

・何種類かの厚紙で実験を行い、それらの結果を踏まえてつり合う条件を見いだすことができるようにする。

・机間指導で力を矢印で正しく書けているか確認する。

4 2力のつり合いの条件をまとめる 〈10分〉

力のつり合いについて、まとめておきましょう

2力のつり合う条件

・力の向きが逆であるということは、当たり前すぎて生徒か気付きにくい。
　力が働く場所（作用点）も意識できるようにする。

第 ⑦ 時

2力のつり合いのまとめ

本時のねらい

・身の回りのどんなところに2力のつり合いが見られるか、班で協力して探して、力の矢印を用いて説明することができる。

本時の評価

・身の回りにある、2力がつり合う現象を見いだし、図を用いて説明しようとしている。

態

準備するもの

・ホワイトボード
　（タブレット）
・ワークシート

付録

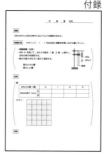

課題

身の回りに見られる2力のつり合いについてまとめよう。

方法 ◀ 1

①教室周辺に見られる2力のつり合いについて、ホワイトボードにまとめる。

②クラスで共有し、最優秀balance班を決定する。

・〜 ・〜 ・〜	図で説明

※分かりやすさ、数、意外性　など

授業の流れ ▷▷▷

1 発表の流れとポイントを確認する　〈5分〉

身の回りにある2力がつり合う現象について、ホワイトボードにまとめましょう

・発表のポイントを確認する。
・司会、記録係、発表係などグループの役割を確認する。
・2力がつり合っている場面を示すとともに、力の矢印を使って説明する。

2 グループで話し合い、ホワイトボードにまとめる　〈30分〉

つり合うってことは、止まってるよね

ほとんどの物が止まってるけど…

意外なところにもつり合いがありそうだね

・2力のつり合いについて、力の矢印を用いて説明することができているかを確認する、
・作用・反作用の関係と混同してしまっていないか確認する。

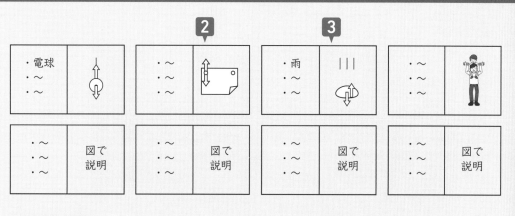

まとめ 4
身の回りには、様々な2力のつり合いがたくさん見られる。

新たな疑問
・つり合いがくずれたらどうなるのか。
・人工衛星はなぜ落ちてこないのか。
・磁石はなぜ落ちないのか。

3 ホワイトボードを前の黒板に掲示し、共有する 〈10分〉

私たちの班では、壁に貼られているポスターに注目しました

班の意見を発表しましょう

対話的な学び
・それぞれのグループの考えを発表させるとともに、他のグループから質問を募り、対話の中でより理解が深まるようにする。

4 本時のまとめをする 〈5分〉

身の回りのほとんどのものに力のつり合いは関係しているね

力を矢印で表してみると分かりやすいな

磁石はなぜ落ちないのかなぁ

・ホワイトボードの内容から、学習のまとめを行う。
・学習をする中で新たに芽生えた疑問などについて共有し、本時の学習を広げる。

身の回りの物質

硝酸カリウムの結晶

　本単元では、身の回りの物質についての観察、実験などを行い、物質の性質や溶解、状態変化について理解させるとともに、それらの観察、実験などに関する技能を身に付けさせ、思考力、判断力、表現力等を育成することが主なねらいである。
　特に、物質の水への溶解や状態変化では、粒子のモデルを用いて微視的に事物・現象を捉えさせたい。

（ア）　物質のすがた　全10時間
㋐身の回りの物質とその性質　6 時間

次	時	主な学習活動	学習過程、見方・考え方、評価など
1	1	物質と物体の違い	
2	2	実験「金属の性質」	記録 思
	3	「密度を求めて金属の種類を推定する」	量的　記録 知
3	4	白い粉末を見分ける方法を考える。	解決方法の立案　質的
	5	実験「白い粉末を見分ける」	記録 態
	6	有機物と無機物の違い	

ⓘ気体の発生と性質　4時間

次	時	主な学習活動	学習過程、見方・考え方、評価など
4	7	実験 「酸素と二酸化炭素」	質的　記録 知
	8	いろいろな気体の性質	
	9	気体の集め方の判断	関係付け　記録 思
	10	実験 「アンモニアの噴水」	振り返り　記録 態

（イ）　水溶液　全5時間
ⓐ水溶液　5時間

次	時	主な学習活動	学習過程、見方・考え方、評価など
1	1	水溶液のモデルによる表現	質的　実体的　記録 思
	2	水溶液の濃さを表す。	量的　記録 知
2	3	水溶液から結晶を取り出す	量的　関係的
	4	実験 「水溶液から溶質を取り出す」	問題を見いだす　比較　記録 態
	5	溶解度のグラフの読みとり	対話的な学び

（ウ）　状態変化　全6時間
ⓐ状態変化と熱　3時間

次	時	主な学習活動	学習過程、見方・考え方、評価など
1	1	水以外の物質も状態が変わるのか	
2	2	実験 「ロウの状態変化と質量・体積」	記録 思
	3	状態変化の粒子のモデル	対話的な学び　質的　実体的　記録 態

ⓘ物質の融点と沸点　3時間

次	時	主な学習活動	学習過程、見方・考え方、評価など
3	4	エタノールの状態変化 基本操作　グラフのかき方	仮説の設定　量的　関係的　記録 知
4	5	2種類の液体の混合物を分離する方法を考える。	対話的な学び
	6	実験 「エタノールと水の混合物の分離」	

3 物質のすがた　（10時間扱い）

単元の目標

　物質についての学習の導入として、様々な物質に親しませるとともに、問題を見いだし見通しをもって観察、実験を行い、結果を分析して解釈し、物質の性質を見いだして理解させたり、実験器具の操作や実験結果の記録の仕方などの技能を身に付けさせたりする。

評価規準

知識・技能	思考・判断・表現	主体的に学習に取り組む態度
身の回りの物質の性質や変化に着目しながら、身の回りの物質とその性質、気体の発生と性質についての基本的な概念や原理・法則などを理解しているとともに、科学的に探究するために必要な観察、実験などに関する基本操作や記録などの基本的な技能を身に付けている。	物質のすがたについて、問題を見いだし見通しをもって観察、実験などを行い、物質の性質や状態変化における規則性を見いだして表現しているなど、科学的に探究している。	物質のすがたに関する事物・現象に進んで関わり、見通しをもったり振り返ったりするなど、科学的に探究しようとしている。

既習事項とのつながり

(1)小学校 3 年：物は、体積が同じでも重さは違うことがあること、磁石に引き付けられる物と引き付けられない物があること及び電気を通す物と通さない物があることについて学習している。

(2)小学校 6 年：植物体が燃えるときには、空気中の酸素が使われて二酸化炭素ができることを学習している。

指導のポイント

　中学校における化学領域のスタートである。物質に対する興味をもたせるとともに、安全を意識しながら実験器具の操作や実験結果の記録の仕方などの技能を身に付けさせたい。

(1)本単元で働かせる見方・考え方

　白い粉末を見分けるときや、気体の補集法を考えるときに、複数の実験結果や性質をもとに多面的に考えていく。

(2)本単元における主体的・対話的で深い学び

　実験の結果をもとに、白い粉末の正体を推論する場面や、アンモニアの噴水の現象が起こる理由を、アンモニアの性質を基に考える場面では、班でお互いの意見を出しながら、より深く学んでいくことができる。

㋐ 身の回りの物質とその性質（6時間）

時	主な学習活動	評価規準
1	物質と物体の違いを知る。	(知)
2	金属と非金属の違いを見いだす。 実験 「金属の性質」	思
3	質量と体積から密度を求める。 「密度を求めて金属の種類を推定する」 量的	知
4	基本操作「ガスバーナー」 解決方法の立案 質的 白い粉末を見分ける方法を考える。	(思)
5	実験 「白い粉末を見分ける」	態
6	有機物と無機物の違いを知る。	(知)

㋑ 気体の発生と性質（4時間）

時	主な学習活動	評価規準
7	実験 質的 「酸素と二酸化炭素の発生と性質」	知
8	いろいろな気体の性質を知る。	(知)
9	関係付け 気体の集め方を判断する。	思
10	振り返り アンモニアで噴水が起こる理由を考える。 「アンモニアの噴水」	態

第①時

物質とその分類

(本時のねらい)
・物体と物質の違いを知り、身近な物質を分類する方法を考えることができる。

(本時の評価)
・物体と物質の基本的概念を理解している。（知）

(準備するもの)
・「理科室でのルール」ポスター

付録

課題 | 物質を見分けるにはどの
1

◯ 理科室でのルール ◯

・理科室で走ったりふざけたりしない
・教卓の上の器具や薬品には許可なく手を触れない
・けがをしたとき、器具を破損したときはすぐに先生に報告する
・火の近くに燃えやすいものを置かない
・実験器具を片付けるときは元の場所にもどす
・ゴミや廃液の処理は先生の指示に従う
・準備室には許可なく立ち入らない

ポスターを貼る

(授業の流れ) ▷▷▷

1 理科室での心構えを知る 〈15分〉

ここは理科室です
失敗しても、それを学んで伸びていけばいいところです

がんばるぞ

しかし、安全面には気を付けましょう
私の話をしっかり聞いて授業を受けましょう

・最初の授業なので、以下の話をするとよい。
　①座席の設定
　②「理科」の授業を受ける心構え
　③持ち物の連絡
　④評価方法の説明
　⑤安全について
・「理科室でのルール」をポスターにまとめて掲示しておくのもよい。

2 物体と物質の違いについての説明を聞き、身近な物質の例を挙げる 〈10分〉

物質にはどんなものがありますか

プラスチック

水

二酸化炭素

鉄

木

・物体は「コップ」「板」のようにものの外観に注目している。物質は「プラスチック」「木」「鉄」のように材料に注目している。

ような方法があるだろうか。

2 物体…物の外観に注目 （例：コップ）
物質…物の材料に注目 （例：プラスチック）

3 物質の分け方

・色は何色か。
・固体か液体か気体か。
・水に溶けるか溶けないか。
・燃えるか燃えないか。
・電気を通すか通さないか。
・薬品に反応するかしないか。
　石灰水、ヨウ素液など

4 2つの物質を分けるには

①砂糖と食塩

②鉄とアルミニウム

③ガラスとプラスチック

---

3 物質を分類する分け方を
たくさん考える　　　〈15分〉

燃えるのは…紙
と、ロウと…

砂糖は燃えたっけ？

4 2つの物質を見分ける方法を
考える　　　　　　〈10分〉

例えば、食塩と砂糖はどう
やって区別できますか

どちらも白い粉だしな…

砂糖は燃えるけど食塩は…

燃やしてみたらどうだろう

・付せん紙1枚ごとに1つの物質名を書いてグルー
　プで分類の方法を考えるのもよい。
・一つの分け方で満足するのではなく、たくさんの
　分け方を考える。

・「食塩と砂糖」「鉄とアルミニウム」「ガラスとプラ
　スチック」などの例をあげて考えさせる。
・物質の分類で違うグループになっている分け方に
　注目できるとよい。
・2種類の物質を見分けるには、それぞれの物質の
　性質の違いに注目することに気付かせるとよい。

第②時

金属と非金属

(本時のねらい)
・金属は電気を通すことを見いだして理解するとともに、その他の金属の性質を理解することができる。

(本時の評価)
・金属と非金属について問題を見いだし見通しをもって実験を行い、金属の性質を見いだして表現しているなど、科学的に探究している。思

(準備するもの)
・はさみ・アルミニウム缶・鉄くぎ等の金属
・ペットボトル・ガラス瓶などの非金属
・乾電池・乾電池ホルダー・豆電球
・クリップ付き導線・磁石

| 課題 | 金属と非金属にはどのような性質の違いがあるだろうか。 |

金属

　金　銀　銅
　鉄　アルミニウム

非金属…金属でない物質のこと

　　プラスチック　ガラス　水

2

金属の性質　予想

　　　・電気を通す。
　　　・熱を通す。
　　　・磁石につく。

(授業の流れ) ▷▷▷

1 金属と非金属にはどんなものがあるか例を挙げる　〈5分〉

金属にはどんな物質がありますか

金、銀、銅！

それから、鉄も金属です

アルミニウムもあるみたい

・金属の例を挙げさせるが、前回出てきた物質を示し、その中で金属と非金属に分けるというやり方も考えられる。
・金属以外の物質を「非金属」ということにも触れる。

2 金属に共通の性質を考える　〈10分〉

金属にはどんな性質があるかな

金属は電気を通します

磁石にもつきますよね

では、本当にそうか確かめてみましょう

・「金属にはどのような性質があるだろうか」と課題を示し、どんな性質があるか考え、挙げてみる。
・その中で、本当にそうか確かめることができそうな「電気を通す」「磁石につく」という性質を調べる。

実験 金属や非金属は電気を通すだろうか。磁石につくだろうか。

3 結果

調べたもの		電気を通したか	磁石についたか
金属	はさみ（鉄）	通した	ついた
	アルミニウム缶	通した	つかなかった
	鉄くぎ	通した	ついた
	銅板	通した	つかなかった
非金属	ペットボトル	通さなかった	つかなかった
	ガラスびん	通さなかった	つかなかった

結論 4

金属には共通して次のような性質がある。
・みがくと光る（金属光沢）。
・電気を通す。
・熱をよく通す。
・たたくとのびて広がる（展性）。
・引っ張るとのびる（延性）。
　※磁石につくとは限らない。
非金属にはそのような性質はみられないと考えられる。

考察 「金属は電気を通す」といえる。 「金属は磁石につく」とはいえない。

3 いろいろな金属について、電気を通すか、磁石につくかを調べる〈20分〉

光った！ 電流が流れたのね！

あれ？ アルミニウム缶が磁石につかないぞ…

4 その他の金属の性質をまとめる〈15分〉

金属の性質はほかにもあります

磨いたらピカピカに！これが金属光沢か…

鉄くぎをたたいたらよく広がったわ

実験
・結果は表にまとめると分かりやすい。
・どんな金属でも電流を流したから「電気を通す」は金属共通の性質といえるが、磁石についた金属とつかなかった金属があることから、「磁石につく」は金属共通の性質とはいえないことを確認する。

・金属光沢、延性、展性、熱伝導性など他の性質についても紹介し、まとめていく。
・空き缶を紙やすりで磨いて金属光沢を確かめたり、金を薄く伸ばして広げた金箔を示すなど、金属の性質を実感できるようにするとなおよい。
・多くの非金属には、金属の共通の性質で挙げたことは見られない。

第③時

金属の見分け方

課題　どのようにすれば金属の

2

メスシリンダー

—40

—30

・水平な台に置く。
・真横から目盛りを読む。
・最小目盛りの 10 分の 1 の値を目分量で読み取る。

（授業の流れ）▷▷▷

1 金属片を調べるために、電子天秤で質量を測る　〈10分〉

最初に 0 にしてから測りましょう

ええと、16.9g

・金属片を見せ、これが何の金属でできているか疑問を出した上で、課題を提示する。
・実験に使う金属片は班ごとに、同じ金属だが質量や体積が異なるものを渡しておく。
・そのためには質量と体積を調べたいということで、電子天秤の使い方を提示する。

2 メスシリンダーで体積を測る　〈10分〉

目盛りは真横から見ましょう

60

50

2.1㎤

・メスシリンダーは水平な台の上に置いて、真横から最小目盛りの10分の 1 まで目分量で読む。
・一度メスシリンダーに水を入れ、体積を読み取った後に、金属片を入れてもう一度体積を読み取ると、その差が金属片の体積になる。

種類を見分けられるだろうか。

金属片の密度 3

班	質量(g)	体積(cm³)	密度(g/cm³)
1	16.9	2.1	8.0
2	35.6	4.5	7.9
3	29.2	3.7	7.9
4	49.0	6.2	7.9

各班の結果を記入する

表を貼る 4

金属の密度(g/cm³)

アルミニウム	2.70
亜鉛	7.13
鉄	7.87
銅	8.96
銀	10.50

3 質量と体積から密度を求める 〈20分〉

公式は覚えてしまいましょう

質量16.9gで体積2.1cm³だから16.9÷2.1で…

(量的)

・密度の公式を示すとともに、密度は1cm³あたりの質量であることを説明しておく。
・計算ができたら黒板に枠をつくって、班ごとの質量、体積、密度の結果を記入させる。

4 密度の値から、金属を推定する 〈15分〉

この金属は何ですか

密度が7.9g/cm³だから鉄ですね

質量や体積が違っても同じ物質なら同じ密度になるんですね

・物質ごとの密度の表から該当する物質を探す。
・質量や体積が異なっていても同じ物質なら、密度が一致することに気付かせる。

第④時

白い粉末を見分ける方法の計画

本時のねらい

・ガスバーナーの操作ができる。また、4種類の白い粉を見分ける実験の計画を立てることができる。

本時の評価

・4つの物質の性質の違いに注目して、見分ける方法を計画している。(思)

準備するもの

・ガスバーナー
・マッチ
・燃えさし入れ
・ワークシート

付録

課題　4種類の白い粉末(砂糖、

ガスバーナーの操作
④空気調節ねじ
③ガス調節ねじ
②コック
①元栓
火をつけるとき
火を消すとき

・ガス、空気調節ねじが閉まっているか確認。
・①を開く。
・②を開く。
・火をつけ、③を開いて点火。
・④で空気の量を調整。

2

授業の流れ ▷▷▷

1 加熱する器具として、ガスバーナーの使い方を演示しながら示す 〈15分〉

・全員の注意を引き付けて演示する。
・実験で火を使用する際の心構えとして、次の3点を示し、守るように指導しておく。
　①濡れ雑巾及びマッチの燃えさし入れを用意する。
　②実験台の上に燃えやすいもの、不要なものを置かない。
　③万一事故が起きても騒がず、あわてない。

2 ガスバーナーの操作を練習する 〈15分〉

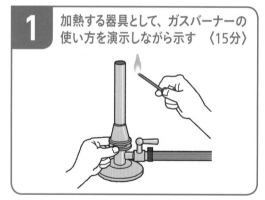

一人ずつ練習をしてみよう

まわりで見ている人はなるべくアドバイスはしないでください
できるだけ、一人でやりましょう

・ガスバーナーは2人に1台だと待ち時間を短縮できるが、4人に1台でもよい。
・一通りできたら2回目の指示をする。

食塩、片栗粉、ラインパウダー）を見分けてみよう。 **3**

┌───┐
│ **4**　　　　　　　**実験計画書**   │
│   │
│   1年　　　組　　番氏名   │
│   共同実験者   │
│   │
│   1．実験の目的 4種類の白い粉末を調べ、どれが砂糖、食塩、 │
│   片栗粉、ラインパウダーなのかを見分ける。   │
│   │
│   2．準備するもの   │
│   │
│   3．実験操作   │
└───┘

ワークシートと同じものを貼る

---

3 「4種類の白い粉末を見分ける」
という課題を提示する　〈5分〉

砂糖、食塩、片栗粉、ラインパウダーの4つの白い粉が、どれがどれかわからなくなってしまいました

どうにかして見分けられないかしら

・4種類の白い粉を同じ形の容器A〜Dに入れたが、ラベルをつけていなかったので中身が分からなくなったというような状況を設定する。
・片栗粉はデンプンでできていること、ラインパウダーはグランドに線を引くときに使う粉だということは補足説明しておく（ラインパウダーの主成分は炭酸カルシウムである）。
・この4つの白い粉を見分けるという課題を示す。

4 白い粉末を判別する方法について、
班で実験の計画を立てる　〈15分〉

砂糖と食塩は水に溶けるから…

ガスバーナーを使って…

(質的)　解決方法の立案

・4つの物質の性質の違いに注目して考えさせる。
・ラインパウダーがあるから味では確かめられられず、理科室で無理な方法や時間がかかる方法は使えないことを伝えておく。
・最初にヨウ素液を4つの粉に加えて、まず片栗粉を確定させると簡単になるので、あえて「ヨウ素液を使えるのは1回だけ」というしばりをつけてもよい。

第 ⑤ 時

白い粉末を見分ける実験

本時のねらい

・４種類の白い粉末が何であるかを推定する
　ことができる。

本時の評価

・実験の結果から白い粉末の正体を推論しよう
　としているなど、科学的に探究しようとして
　いる。態

準備するもの

・４種類の白い粉（砂糖、
　食塩、片栗粉、ライン
　パウダー）
・ガスバーナー
・燃えさし入れ

付録

| 課題 | ４種類の白い粉末（砂糖、 |

実験結果 2

	A
見た目・てざわり	白い 四角い粒
水に溶かす	溶けた。
加熱したときの変化	パチパチはねた。 燃えなかった。
ヨウ素液を加えた	（やってない。）

授業の流れ ▷▷▷

1 計画に従い、白い粉末を判別する実験を行う　〈25分〉

燃焼さじにアルミニウムはくをまいて粉をのせるといいですね

燃えるかな

危ないから気を付けて

燃焼さじ

実験

・生徒の立てた計画について、安全面や実際にでき
　そうかどうかを教師が確認し、アドバイスしてか
　ら実験する。
・保護眼鏡を着用する。

2 実験結果を整理し、理由とともにホワイトボードにまとめる　〈10分〉

A は水に溶けたけど燃えなかったから…

D を加熱したときのあのにおいはきっと…

・結果は表にまとめるとわかりやすい。
・そのうえで生徒たちの知っている物質の性質に合
　わせてどの粉末がどの物質になるか考えていく。
・一部わからない性質があっても、すでに知ってい
　る性質（砂糖や食塩は水に溶ける）などからしぼ
　っていき、最後は消去法でもよい。

食塩、片栗粉、ラインパウダー）を見分けてみよう。

ワークシートの一部

	B	C	D
	白く固まりやすい。	白く固まりやすい。	白くさらさらしている。
	溶けなかった。	溶けなかった。	溶けた。
	黒くこげた。	燃えなかった。変化なし。	黒くこげて甘いにおいがした。
	青紫になった。	（やってない。）	（やってない。）

考察 **4**

B…片栗粉
　ヨウ素液が青紫色になったからデンプンをふくむ片栗粉

D…砂糖
　黒くこげたときのにおいが砂糖の甘いにおいだった。

A…食塩
　残ったACのうち水に溶けるAが食塩。四角い粒も見たことある。

C…ラインパウダー
　最後に残ったもの

---

3 ホワイトボードを基に、白い粉末が何であるか発表する　〈10分〉

Aは食塩、Bは片栗粉、Cはラインパウダー、Dは砂糖です
その理由はまず水に溶かしたときにAとDだけが溶け…

・最初にA〜Dのどの粉末がどれであるかを示してからその理由を説明していくと聞く側にもわかりやすい。

4 4種類の物質が何であったかを知る　〈5分〉

Aは食塩、Bは片栗粉、Cはラインパウダー、Dは砂糖です

食塩、砂糖、片栗粉はわかったから、最後に残ったCがやっぱりラインパウダーなのね

・単に4種類の白い粉末が何であるかを「当てた」かどうかではなく、各物質の性質についての知識と実験結果をもとに、場合によっては消去法なども使って論理的に判別していることが大切なのだということは伝えたい。
・「物質の性質の相違点に着目すると物質を判別できる」ことにも触れておきたい。

第⑥時

有機物と無機物

（本時のねらい）
・燃焼したときに二酸化炭素が出るかどうか
　で、物質が有機物と無機物に分かれることを
　理解することができる。

（本時の評価）
・有機物と無機物の基本的概念を理解してい
　る。（知）

（準備するもの）
・ロウ・スチールウール・酸素・石灰水・集気
　びん・燃焼さじ

| 課題 | 有機物・無機物とは何だろうか。 |

1

ロウ

燃やしたら
・集気びんの内側がくもった。→水
・石灰水が白くにごった。→二酸化炭素
　　　　　↓
　　　有機物

「有機物」は**3**の
段階で書き加える

2

スチールウール（鉄）

燃やしたら、
・集気びんの内側は変化なし。
・石灰水も変化なし。
　　　　　↓
　　　無機物

「無機物」は**3**の
段階で書き加える

（授業の流れ）▷▷▷

1 酸素の入った集気びんの中で
ロウを燃やす　　　〈10分〉

石灰水が反応すると、
どうなりますか？

小学校のときにやりました

よく振る

白く
濁ります

石灰水

・乾いた集気びんを使う。
・集気びんに酸素ボンベから酸素を入れておく。
・水ができ、集気びんの内側が水滴でくもっている
　ことから、水ができることを確認する。
・さらに石灰水を加えてよく振って、白くにごった
　ことから、二酸化炭素ができたことを確認する。

2 酸素の入った集気びんの中で
スチールウールを燃やす　〈10分〉

ろうそくの方は白く濁っ
たけどスチールウールの
方は濁らないです

燃えて水や二酸化炭素
ができるものとできな
いものがあります

・同様にスチールウールを燃やしても、水も二酸化
　炭素もできないことを確認する。

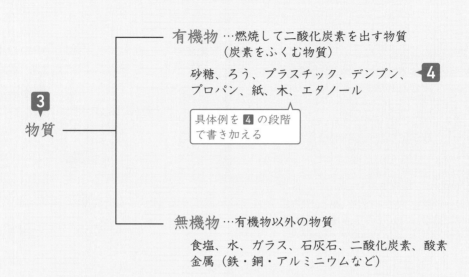

3 有機物と無機物の説明をする 〈20分〉

物質は燃焼して二酸化炭素を出す有機物と、そうならない無機物に分けられます

4 有機物と無機物の具体例を挙げる 〈10分〉

砂糖は、有機物ですか？無機物ですか？

有機物です

・物質は、有機物と無機物に分けることができる。
・一般に炭素を含む物質を有機物といい、動植物を起源とするものが多い。ただし、炭素を含んでいても、二酸化炭素、一酸化炭素、炭酸塩、炭素そのものは有機物ではなく無機物に分類される。
・有機物以外の物質は無機物に分類される。

・身近な物質を中心に有機物と無機物に分類し、板書に書き加える。
・あくまでも「物質」の分類なので、「砂糖水」のような複数の物質の混合物や、「黒板」のような「物体」を例に挙げるのは適切ではない。

第⑦時

酸素と二酸化炭素

本時のねらい
・酸素と二酸化炭素の性質を理解し、気体の発生法や捕集法、気体の性質を調べる方法などの技能を身に付けることができる。

本時の評価
・安全に酸素と二酸化炭素を発生させ性質を調べている。知

準備するもの
・うすい塩酸・石灰石・オキシドール・二酸化マンガン・試験管・スポイト・水槽・試験管立て・ガラス管・ゴム栓・ゴム管・線香・石灰水

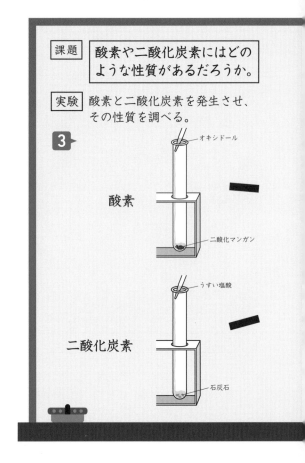

課題 | 酸素や二酸化炭素にはどのような性質があるだろうか。

実験 | 酸素と二酸化炭素を発生させ、その性質を調べる。

3

酸素 — オキシドール／二酸化マンガン

二酸化炭素 — うすい塩酸／石灰石

授業の流れ ▷▷▷

1 知っている気体の種類を聞く 〈5分〉

・気体にはいろいろな種類があることを明らかにしておく。
・この時間は身の回りにあり、人体の呼吸にも関係する酸素と二酸化炭素について学ぶことを説明する。
・酸素や二酸化炭素を小学校でどのように発生させることができたかを知る。

2 気体のどのような性質を調べるかを確認する 〈10分〉

・気体の性質として「色」「におい」「燃える、または線香を燃やすか」「水への溶けやすさ」「水に溶けたときの性質」「石灰水を加えたときの様子」「密度（空気との比較）」などをあげ、そのうち今回は「色」「におい」「線香を燃やすか」「石灰水を加えたときの様子」を調べることを確認する。
・においのかぎ方もここで説明する。

結果

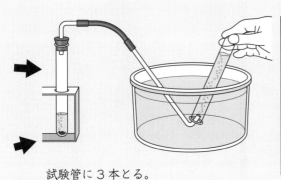

	酸素	二酸化炭素
色	なし	なし
におい	なし	なし
火のついた線香を入れたときのようす	炎をあげて燃えた	火が消えた
石灰水を加えて振ったときのようす	変化なし	白くにごった

試験管に3本とる。

---

3 酸素や二酸化炭素を発生させ、性質を調べる 〈25分〉

オキシドール

実験

・酸素、二酸化炭素とも試験管に3本ずつ集める。
・1本は、色、においを確認する。
・1本は火のついた線香を近付ける
・1本は石灰水を入れて振り、そのときの様子を調べる。

4 酸素と二酸化炭素の性質をまとめる 〈10分〉

火のついたお線香を入れたら炎を出してよく燃えたから、酸素はよく燃える…

あれ？　そのとき燃えていたのは酸素かな？

（質的）

・酸素の中で線香が炎を上げて燃えた結果から、生徒は「酸素が燃えた」としがちだが、酸素が燃えたのではなく、「線香がよく燃えた」ことを確認する。

第⑧時

いろいろな気体の性質

本時のねらい

・窒素や水素を含めた気体について、その性質を理解する。また、異なる方法を用いても同一の気体ができることを理解することができる。

本時の評価

・気体の種類による特性を理解している。（知）

準備するもの

・試験管
・マッチ
・窒素
・水素（実験用気体ボンベ）

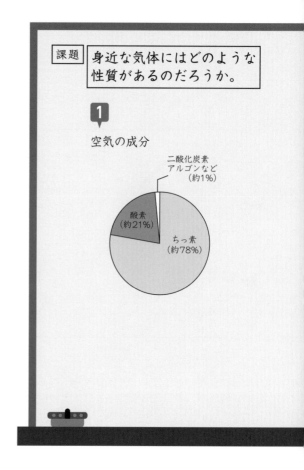

課題 身近な気体にはどのような性質があるのだろうか。

1 空気の成分

二酸化炭素 アルゴンなど（約1%）

酸素（約21%）

ちっ素（約78%）

授業の流れ ▷▷▷

1 空気についての話題から、窒素の特徴を説明する〈10分〉

空気には色やにおいがありますか また水への溶けやすさはどうですか

色やにおいはありません

空気の泡があるから水には溶けにくいと思います

そうですね。乾燥した大気の約78%が窒素ですから、窒素も色やにおいはなく、水に溶けにくいのです

・空気の成分の話から空気中に最も多く含まれる窒素の紹介をする。
・空気をイメージさせながら、色（無色）、におい（無臭）、水の溶け方（溶けにくい）等の性質を紹介していく。

2 水素の爆発を見て、水素の性質を知る〈10分〉

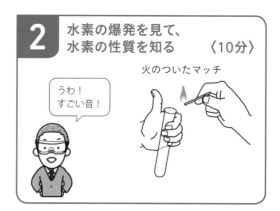

火のついたマッチ

うわ！すごい音！

・水素は、実験用気体ボンベ等を用意しておくと手軽でよい。
・水素を入れるのは必ず試験管にしておく。集気びんやフラスコは破裂事故のもとになる。
・水素ボンベの口の先に、マッチの火を近付けない。
・最初に試験管が乾いていることを確認させ、水素で爆発した後に、試験管の壁に水滴ができていることを確認させる。

3

	色	におい	空気より	水への溶けやすさ	水溶液の性質	気体の集め方	その他の特徴
酸素	無色	なし	やや重い。	溶けにくい。			物を燃やすはたらきがある。
二酸化炭素	無色	なし	重い。	少し溶ける。	酸性		石灰水が白くにごる。
水素	無色	なし	軽い。	溶けにくい。			火をつけると空気中で爆発する。
窒素	無色	なし	やや軽い。	溶けにくい。			空気の主成分
アンモニア							

気体の集め方、アンモニアは次回記入する

3 気体の発生方法、性質についてまとめる 〈20分〉

それでは、気体の発生方法についてまとめます

4 同じ気体を別の方法でも発生させることができることを示す 〈10分〉

例えば二酸化炭素を発生させる方法は他にも…

ドライアイスを水に入れる　　卵のからを酢に入れる

・黒板にまとめるのは一部でよい。後はワークシートに記入させる。
・酸素と二酸化炭素について、前回の実験を基に記入させるが、「密度（空気と比べて）」「水への溶けやすさ」「水溶液の性質」などについては、実験していないので解説する。

・ドライアイスを水に入れたときに発生する気体、卵の殻を酢に入れたときに発生する気体は、前時に石灰石に塩酸を加えて発生させた二酸化炭素とまったく同じ性質を示すことを説明する。

気体を集める方法

(本時のねらい)

・気体の性質によって気体の適切な集め方があることを理解し、気体の性質から適切な補集法を判断することができる。

(本時の評価)

・未知の気体でも、その性質から適切な補集法を指摘している。思

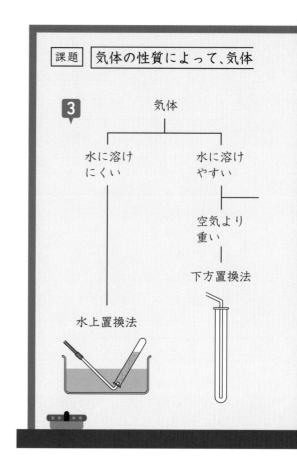

課題 | 気体の性質によって、気体

3

気体
水に溶けにくい / 水に溶けやすい
空気より重い
下方置換法
水上置換法

(授業の流れ) ▷▷▷

1 水上置換法で、水によく溶ける気体を集めるとどうなるか考える〈10分〉

この方法で水によく溶ける気体を集めようとするとどうなりますか

・水に溶けやすい気体の場合、水槽に入れた時点でせっかく発生した気体が水に溶けてしまう。
・前々回の実験で使った方法（水上置換法）が、どの気体にも使えるわけではないことに気付かせる。

2 水に溶けやすい気体はどう集めたらよいか考える 〈15分〉

水は使えないから空気中で集める？

空気中を上に行く気体と下に行く気体がありそう

だったら2つに分けたらいいんじゃない？

・水に溶けやすい気体なので水を使わずにどう集めるかを考える。
・発生した気体が空気中でどう動くかを考える。
・必要に応じ、ヒントとして気体の性質によって複数の方法を使い分けることも提示するのもよい。

の集め方はどのように変わるのだろうか。

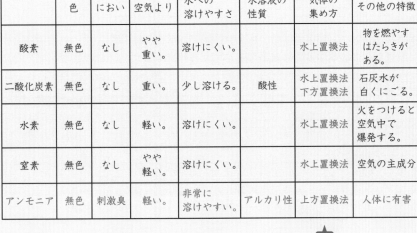

	色	におい	空気より	水への溶けやすさ	水溶液の性質	気体の集め方	その他の特徴
酸素	無色	なし	やや重い。	溶けにくい。		水上置換法	物を燃やすはたらきがある。
二酸化炭素	無色	なし	重い。	少し溶ける。	酸性	水上置換法下方置換法	石灰水が白くにごる。
水素	無色	なし	軽い。	溶けにくい。		水上置換法	火をつけると空気中で爆発する。
窒素	無色	なし	やや軽い。	溶けにくい。		水上置換法	空気の主成分
アンモニア	無色	刺激臭	軽い。	非常に溶けやすい。	アルカリ性	上方置換法	人体に有害

空気より
軽い

上方置換法

3　気体の集め方をまとめる 〈10分〉

気体の性質と集め方の関係をまとめてみましょう

まず、水に溶けにくい気体なら…

(関係付け)

・水上置換法、上方置換法、下方置換法の3つの集め方を説明する。
・それぞれの集め方がどのような気体の性質のときに使えるかを考える。

4　気体の性質を基に、気体の集め方を考える 〈15分〉

アンモニアはどの方法で集められますか

水に溶けやすく、空気より軽いので上方置換法で集めます

・前回まとめた気体の性質の表を基に、酸素、二酸化炭素、窒素、水素の集め方を考える。
・二酸化炭素は水上置換法と下方置換法の2つの方法で集めることができる。
・アンモニアなどのまだ学習していない気体について、性質を示したうえで、気体の集め方を考えるのもよい。

第⑩時

アンモニアの噴水

（本時のねらい）
・アンモニアの噴水の仕組みを、アンモニアの
　性質に関連付けて説明することができる。

（本時の評価）
・「アンモニアの噴水」がどうして起こるかを
　考えるなど、科学的に探究しようとしてい
　る。態

（準備するもの）
・アンモニア水・スタンド・丸底フラスコ・ガ
　ラス管・ゴム栓・スポイト・ビーカー・フェ
　ノールフタレイン溶液

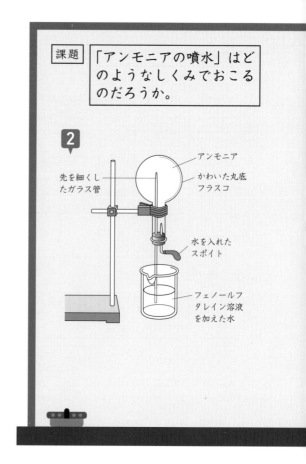

課題　「アンモニアの噴水」はど
　　　のようなしくみでおこる
　　　のだろうか。

（授業の流れ）▷▷▷▷

1　アンモニアの性質を確認し、においをかぐ　〈10分〉

手であおいでアンモニアの
においを確かめてみましょう

鼻にツンと来るような
においがします

・前回紹介したアンモニアの性質を振り返る。
・うすいアンモニア水のにおいをかいでみる。この
　ときは換気に注意する。

2　噴水の実験を見る　〈10分〉

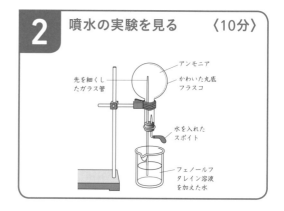

・換気に注意する。
・乾いた丸底フラスコの予備を用意して失敗しても
　数回試すことができるようにする。
・フェノールフタレイン溶液がアルカリ性だと赤く
　なる性質だということを説明する。

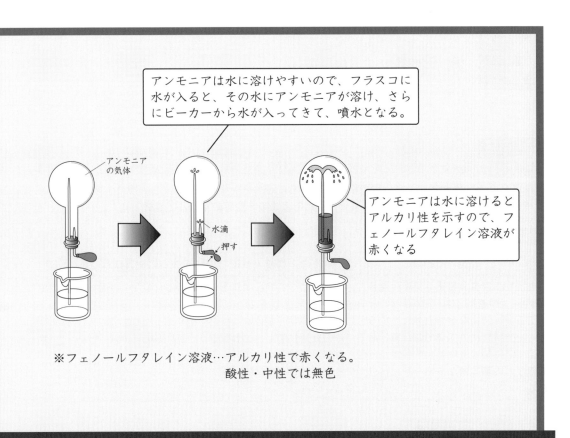

アンモニアは水に溶けやすいので、フラスコに水が入ると、その水にアンモニアが溶け、さらにビーカーから水が入ってきて、噴水となる。

アンモニアの気体

水滴

押す

アンモニアは水に溶けるとアルカリ性を示すので、フェノールフタレイン溶液が赤くなる

※フェノールフタレイン溶液…アルカリ性で赤くなる。
　　　　　　　　　　　　 酸性・中性では無色

3 アンモニアの噴水の仕組みを考え、発表する 〈20分〉

アンモニアは水に非常に溶けやすいから…

赤くなったのはフェノールフタレイン溶液が…

・少し難しければ、「どうして噴水が起こったのか」「どうして赤くなったのか」の2つに分けて、それぞれの理由をアンモニアの性質を基に考えさせてもよい。

4 もう一度噴水の実験を見る 〈10分〉

今、アンモニアが水に溶けているのね

振り返り

・アンモニアの噴水が起こる仕組みを思い出しながら見るように指示する。
・あらかじめ撮影した動画を見せるのでもよい。

4 水溶液 （5時間扱い）

単元の目標

　物質の水への溶解を粒子のモデルと関連付けて理解させる。また、溶液の温度を下げたり、溶媒を蒸発させたりする実験を通して、溶液から溶質を取り出すことができることを溶解度と関連付けて理解させるとともに、再結晶は純粋な物質を取り出す方法の一つであることを理解させる。

評価規準

知識・技能	思考・判断・表現	主体的に学習に取り組む態度
身の回りの物質の性質や変化に着目しながら、水溶液についての基本的な概念や原理・法則などを理解しているとともに、科学的に探究するために必要な観察、実験などに関する基本操作や記録などの基本的な技能を身に付けている。	水溶液について、問題を見いだし見通しをもって観察、実験などを行い、物質の性質や状態変化における規則性を見いだして表現しているなど、科学的に探究している。	水溶液に関する事物・現象に進んで関わり、見通しをもったり振り返ったりするなど、科学的に探究しようとしている。

既習事項とのつながり

(1)小学校 5 年：「物の溶け方」で、物が水に溶けても、水と物とを合わせた重さは変わらないことを学習している。また、物が水に溶ける量には限度があること、物が水に溶ける量は水の温度や量、溶ける物によって違うこと、この性質を利用して溶けている物を取り出すことができることについて学習している。さらに、水溶液の中では、溶けている物が均一に広がることを学習している。

指導のポイント

　水溶液では、物質が水に溶ける様子を粒子のモデルで表すことや、全国学力調査で課題が指摘され続けている質量パーセント濃度の計算、さらに定着度が低い溶解度と再結晶など、押さえておきたいところが多い。一方、水溶液に関する小学校での既習事項も多いため、その理解度を確かめながら、中学校の学習につなげていきたい。

(1)**本単元で働かせる見方・考え方**

　「質的な視点」で、小学校の「ものの溶け方」での既習事項を含め、水溶液が均一であることや、溶かす前と溶かす後で質量が変わらないという特徴を基に、「実体的な視点」で物質が水に溶ける様子を粒子のモデルを使って表す。

(2)**本単元における主体的・対話的で深い学び**

　飽和、溶解度曲線、再結晶の考え方は、小学校で学習しているところもありながらも、理解の定着がなかなか難しいところである。溶解度曲線をもとに、水溶液を冷やすと硝酸カリウムは結晶は出てくるが、塩化ナトリウムだとほとんど結晶が出てこない。この現象を見て、疑問に思ったことを話し合って課題を見いだすなど、生徒が主体的に活動できるようにしたい。

指導計画（全5時間）

㋐ 水溶液 （5時間）

時	主な学習活動	評価規準
1	質的 実体的 物質が水に溶けている様子をモデルで表現する。	思
2	量的 水溶液の濃さを表す。	知
3	量的 関係的 水溶液から結晶を取り出す方法を考える。	（思）
4	問題を見いだす 比較 硝酸カリウムと食塩の再結晶の違いから問題を見いだす。 実験 「水溶液から溶質を取り出す」	態
5	対話的な学び 溶解度のグラフを読み取る。	（知）

第①時

水溶液

（本時のねらい）

・物質の水への溶解を粒子モデルと関連付けて微視的な考え方で捉えることができる。

（本時の評価）

・物質が水へ溶解する様子について、粒子のモデルで均一になる様子を表している。思

（準備するもの）

・食塩・デンプン
・コーヒーシュガー・水
・ビーカー・ガラス棒
・薬さじ
・ホワイトボード
・ワークシート

付録

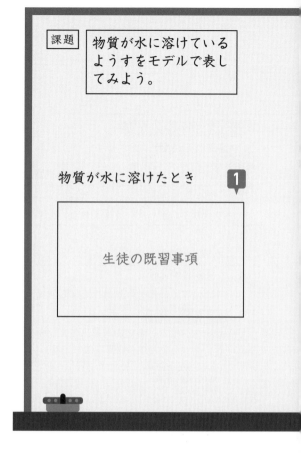

課題　物質が水に溶けているようすをモデルで表してみよう。

物質が水に溶けたとき　①

生徒の既習事項

（授業の流れ）▷▷▷

1　水溶液について考える　〈10分〉

物質が水に溶けているのはどれですか。またそう考えた理由は何ですか

食塩や砂糖は水に溶けます
温度や水の量で溶ける物質の量も変わります
デンプンは白くにごっていて、水に溶けていないと思います

・小学校での既習事項「食塩や砂糖が水に溶ける様子」について想起させる。食塩とデンプンを水に入れたときの様子を見せ、違いを捉えられるようにする。

・他にも身のまわりにある物質や食品などを挙げ、水に溶けるかどうか聞いてみる。

・水に物質が溶けると、均一に混じり合い、透明な液になることを確認する。

2　物質が水に溶けている様子をモデルで表す　〈15分〉

物質が水に溶けたときの粒のサイズと数をしっかりイメージしよう

溶かす前　　溶かした後

（質的）（実体的）

・砂糖が水に溶ける様子を粒子モデルを用いて、自分の考えを明らかにする。

・粒子モデルを表す際は、溶質だけを粒子で表すと表現しやすい。

・物質が水に溶解していく様子のモデルを用意しておく。

・粒子概念で考えさせる（粒子のサイズや数に留意）。

・無色透明と有色透明の違いにも触れる。

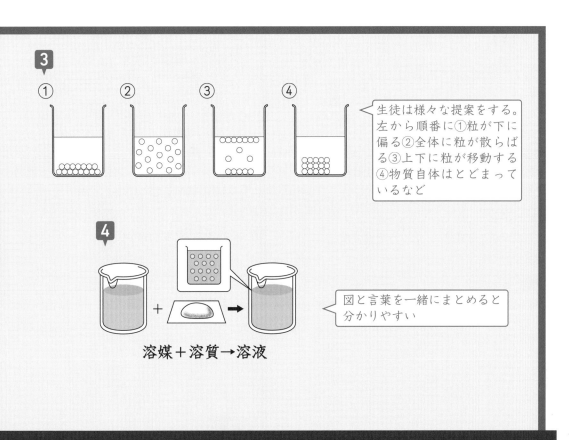

3 物質が水に溶けたときの 粒子モデルを発表する 〈15分〉

物質が水に溶けている様子はどのように表せますか

砂糖は底の方に多くあると思います

全体が均一になるから砂糖も均一に広がると思います

4 物質が水に溶けたときの様子をまとめる 〈10分〉

砂糖を水の中に入れると、図のように、水が砂糖の粒の間に入り、小さな粒子になってばらばらになっていきます

時間がたつと、溶質は水の中に広がっていくんだな

・数名の生徒に自分の考えを説明させる。分類しながら黒板にホワイトボードを貼っていく。貼りきれない場合は、挙手をするなど、自分の考えを明らかにする。

・生徒個人の見方や考え方が板書さえた内容のどれに近いかを挙手等で再確認し、自分なりの見方や考え方をもてるようにする。

・溶質も溶媒も粒子でできていて、水溶液になると均一に散らばっていることを教科書などの模式図もしくは碁石モデル（碁石を溶質と溶媒に見立てたモデル）を使って、説明する。

・時間が経過したときの説明を通して、さらなる粒子概念の定着を促す。

・「溶質」「溶媒」「溶液」「水溶液」の用語の意味を説明する。

第②時

質量パーセント濃度

本時のねらい

・水溶液の濃さの表し方に質量パーセント濃度があることを知り、その求め方を理解し、計算することができる。

本時の評価

・水溶液の濃さを質量パーセント濃度で表している。知

準備するもの

・食塩・水・ビーカー
・ガラス棒・薬さじ
・電子天秤・薬包紙
・ワークシート

付録

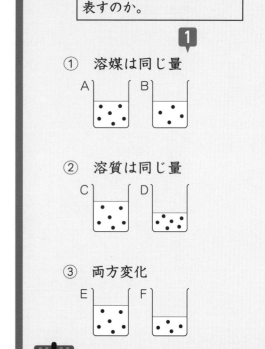

課題 水溶液の濃さはどのように表すのか。

1

① 溶媒は同じ量

A   B

② 溶質は同じ量

C   D

③ 両方変化

E   F

授業の流れ ▷▷▷

1 濃さや量が異なる水溶液を比較する 〈10分〉

どの水溶液が一番濃いかな

食塩の水溶液は、見た目だけでは分からないな

・水溶液の濃さを粒子モデルを使って判断する方法を話し合わせる。
・以下の順に水溶液の例をあげ、比較するとどうなるかを考えるのもよい。
　①同じ溶媒の量で、溶質の量を比べた場合
　②同じ溶質の質量で、溶媒の量を変えた場合
　③両方を変えた場合

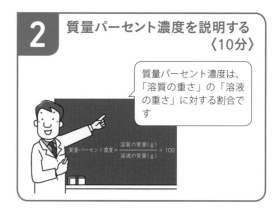

2 質量パーセント濃度を説明する 〈10分〉

質量パーセント濃度は、「溶質の重さ」の「溶液の重さ」に対する割合です

質量パーセント濃度＝$\frac{溶質の質量(g)}{溶液の質量(g)}$ × 100

・溶質、溶媒、溶液、水溶液の用語の意味を復習する。
・生徒は「溶液の質量」と「溶媒の質量」を混同しやすいので、注意を促す。
・溶液の質量は、溶媒の質量と溶質の質量の和として考えられることを想起させる。

2

$$質量パーセント濃度 = \frac{溶質の質量（g）}{溶液の質量（g）} \times 100$$

3 **4**

練習問題

---

3 質量パーセント濃度を求める 〈20分〉

溶液の質量は、溶質と溶媒の質量で求められるから…

量的

・質量パーセント濃度の練習問題をし、定着させる。

・質量パーセント濃度を求める問題だけでなく、溶質の質量や溶媒の質量、溶液の質量など、実際に計算をする時間を確保する。

・溶質と溶媒の割合の関係を視覚的に捉えられるようにするために、線分図（テープ図）を利用することも考えられる。

4 質量パーセント濃度を使って、溶質や溶液の量を求める 〈10分〉

質量パーセント濃度を比べれば、濃さの違いが分かるね

醤油や即席味噌汁に含まれている食塩の量はどのくらいになるかな

・身近なものの質量パーセント濃度や溶質の量を求めてもよい。その際、身近なものとして、醤油や即席味噌汁などの食品を取り上げ、実際に含まれる食塩の量を求めるのもよい。

・質量パーセント濃度について言葉でまとめてもよい。

第③時

飽和・溶解度

(本時のねらい)
・溶解度について知り、溶解度曲線を見て、水溶液から溶質を取り出す方法を考えることができる。

(本時の評価)
・溶解度曲線を用いて、水溶液から結晶を取り出す方法を考えている。(思)

(準備するもの)
・食塩・水・ビーカー
・ガラス棒・薬さじ
・電子天秤・薬包紙
・溶解度曲線のグラフ

課題 | どのようにして水に溶けている物質を取り出すのか。

飽和…物質が水に限度まで溶けている状態

飽和水溶液…飽和の状態の水溶液

溶解度…１００ｇの水に物質を溶かして飽和水溶液にしたときの溶けた物質の質量

(授業の流れ) ▷▷▷

1 食塩とミョウバンが水にどのくらい溶けるのか予想させる 〈10分〉

食塩は、水100gにどのくらい溶けると思いますか？

物質が水に溶ける量には、限度があると思います

ミョウバンは、たしか温度により溶ける量が変わったな

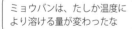

・小学校で、物質が水に溶ける量には限度があること、物質が水に溶ける量は水の温度や量、溶ける物質によって違うことを学習しているので、想起させる。
・日常生活と関連付け、コーヒーや紅茶に砂糖を入れたとき、砂糖を溶かすにはどうしたらよいか考えさせるのもよい。

2 食塩とミョウバンを使って、どのくらい水に溶けるか演示実験で示す 〈10分〉

溶けきれない物質を溶かすにはどうしたらよいですか？

温度を上げたり、水を増やしたりすればいいと思います

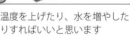

・実際に水に食塩やミョウバンを溶かす演示実験をするとよい。塩化ナトリウムの溶解度は20℃で35.8ｇ、砂糖にすると水100ｇに対し、砂糖を200ｇ以上使うことになる。
・「飽和」「飽和水溶液」「溶解度」の用語の意味を説明する。

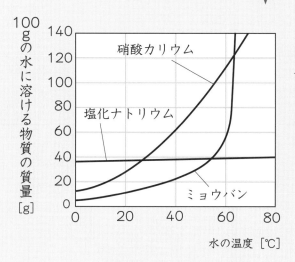

100gの水に溶ける物質の質量〔g〕

硝酸カリウム

塩化ナトリウム

ミョウバン

水の温度〔℃〕

ポスターや拡大図などを用意

3 溶解度曲線の説明をする 〈15分〉

グラフの縦軸は溶解度、横軸は温度を示しています

温度が上がると溶ける量が増えていますね

・前もって、食塩や硝酸カリウム、ミョウバンなどの溶解度曲線のグラフを用意しておく。
・グラフの読み方を苦手とする生徒が多いので、縦軸と横軸の見方やそれぞれのグラフの特徴などを時間をかけて説明するとよい。
・折れ線グラフの部分を棒グラフで表すことで、視覚的にイメージをもたせてもよい。

4 水に溶けた物質を再び取り出すにはどうしたらよいか考えさせる 〈15分〉

水に溶けた物質を取り出すには、どうしたらよいですか？グラフを基に考えてみよう！

温めて水を蒸発させたらよいと思います

（量的）（関係的）

・水の量を減らす方法として、放置して水を蒸発させたり、ドライヤーなどで温めたりする方法がある。
・具体的な方法を考えさせるようにする。
　例・水の量を減らす→ろ過して温める
　　　・乾かす→温める
　　　・温度を下げる→水で冷やす
・グラフを基に、水の温度や量に着目できるようにする。

第④時

再結晶の実験

（本時のねらい）
・水溶液から溶質を取り出す実験を通して、結晶を取り出すことができる。

（本時の評価）
・硝酸カリウムと食塩の再結晶の方法の違いから課題を見いだすなど、科学的に探究しようとしている。態

（準備するもの）
・塩化ナトリウム・硝酸カリウム・試験管
・試験管立て・ビーカー・メスシリンダー
・電子天秤・温度計・スタンド
・ガスバーナー・三脚・金網
・ガラス棒・薬さじ・薬包紙
・スライドガラス・顕微鏡
・実験手順
・ワークシート

付録

| 課題 | それぞれの水溶液から溶質を取り出すには、どうしたらよいか。 |

実験の方法　**1**

実験の手順を示す。
あらかじめ用意しておくと
スムーズ

（授業の流れ）▷▷▷

1 水溶液から溶質を取り出す方法を確認する　〈5分〉

水溶液の中から溶質を取り出すには、どうしたらよいですか？

飽和水溶液を冷やしたり、水を蒸発させたりします

・物質の水に対する溶け方は、物質の種類、水の温度によって異なる。食塩と硝酸カリウムを用いて実験することによって、このことに気付かせたい。
・飽和水溶液を冷却したり、水を蒸発させたりして結晶を析出させる。
・課題と実験の内容を確認し、実験の目的をはっきりさせる。

2 再結晶の実験・観察を行う　〈20分〉

結晶をよく観察してスケッチしてください

溶けやすさが物質によって違います

・試験管に物質名や記号を書いておくなど、ビニールテープなどで目印をつけておくと区別しやすい。
・保護眼鏡をすること、加熱器具が熱くなるので、やけどに注意することを指導する。
・物質によって、結晶の形が異なる。注意深く観察させてスケッチさせたい。結晶の形が分かりづらい場合は、教科書の結晶の写真を参考にさせるとよい。

3

物質名	水に入れた ときの様子	加熱した ときの様子	冷却した ときの様子	蒸発させた ときの様子
硝酸カリウム	少し溶け残った。	すべて溶けた。	白い固体が 出てきた。	粒が針のように 細く長かった。
食塩	少し溶け残った。	少し溶け残った。	変化なし。	粒が正方形の形を していた。

考察

温めた水溶液を冷やしたり、水を蒸発させたりすることで、それぞれの水溶液から特徴的な形の固体が取り出せる。

再結晶…溶解度の差を利用して、再び結晶として取り出すこと

新たな疑問

硝酸カリウムは冷やすと結晶が出てきたが、食塩の結晶がほとんど出てこなかったのはなぜ？

---

3 実験の結果を共有し、考察を行う 〈10分〉

水溶液を取り出すには、どうしたらよいですか

硝酸カリウムは、水を蒸発させても、冷やしても再結晶できましたでも食塩は、冷やしても変化はありませんでした

比較

・実験の結果を整理しやすいように、表にしておく。
・考察を行う際は、課題に正対する答えとなるように、一度課題を確かめておくとよい。
・「再結晶」という言葉の説明をする。

4 硝酸カリウムと食塩の再結晶の 方法の違いを考える 〈15分〉

食塩と硝酸カリウムの再結晶で気付いたことはありますか？

硝酸カリウムは冷やすと結晶が出てきたけど、食塩は結晶がほとんど出てこなかったのは何でかな

問題を見いだす

・食塩と硝酸カリウムの再結晶の様子を比較することで、新たな問題を見いだせるようにする。
・個人→班→全体のように、考えを共有できる場を広げていく。

第⑤時

溶解度曲線

本時のねらい

・結晶が析出する原理を考え、溶解度曲線を読み取ることができる。

本時の評価

・溶解度のグラフの読み取りや、析出する結晶の質量を求めている。（知）

準備するもの

・溶解度曲線のグラフ
・ワークシート

付録

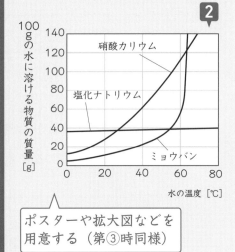

課題

温度を下げても食塩の結晶がほとんど出てこなかったのはなぜだろうか。

ポスターや拡大図などを用意する（第③時同様）

授業の流れ ▷▷▷

1 前時の復習をする 〈5分〉

再結晶の実験で、温度を下げても食塩の結晶がほとんど出てこなかったのはなぜだろうか

温度が上がると溶ける量が変化したから、結晶が出てくるときも似ているのかな

・再結晶に実験の際に、食塩と硝酸カリウムの再結晶の様子を比べて疑問に思ったことを課題にする。
・飽和水溶液の質量パーセント濃度を計算することも考えられる。

2 結晶の析出の原理を考える 〈15分〉

なんで食塩と硝酸カリウムで結晶の出てき方が違うのかな？

食塩と硝酸カリウムで溶解度曲線のグラフの傾きが違っているのと関係するのかな

溶解度の差が関係してくるのかな？

対話的な学び

・まず個人で考え、自分の考えをもった上で、ペアやグループなどで話し合い考えを深めていく。
・飽和水溶液の温度を下げたときに、なぜ食塩の結晶がほとんど析出しなかったのか溶解度曲線を基に考えさせる。

〈生徒の考え〉
・食塩と硝酸カリウムで溶解度曲線のグラフの傾きが違っている。
・食塩の方が傾きが小さい。
・硝酸カリウムの方が傾きが大きい。

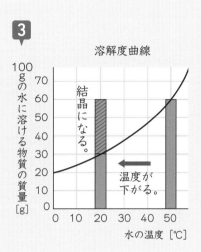

3 溶解度曲線

100gの水に溶ける物質の質量〔g〕

結晶になる。

温度が下がる。

水の温度〔℃〕

---

3 溶解度曲線から、結晶の析出の原理をまとめる　〈15分〉

水100gからつくった60℃の飽和水溶液を、30℃まで下げたら何gの結晶が析出しますか

4 溶解度のまとめをする　〈15分〉

結晶がどうして出てくるか分かりましたか？

水に溶けきらなくなった物質が出てくるのですね

・ワークシートの溶解度曲線を基に、溶媒（水）100gに結晶が何g析出するかを考えさせると、理解しやすい。
・この学習は2年生で学習する「飽和水蒸気量」にもつながるので、時間をかけて押さえておきたい。

・溶解度に関係する練習問題をし、定着させる。
・はじめは水100gに固定して考え、慣れてきたら水の量を変えて発問する。

5 状態変化 （6 時間扱い）

単元の目標

　物質の状態が変化する様子について、見通しをもって観察、実験を行い、物質の状態変化における規則性を見いださせ、粒子のモデルと関連付けて理解させる。

評価規準

知識・技能	思考・判断・表現	主体的に学習に取り組む態度
身の回りの物質の性質や変化に着目しながら、状態変化と熱、物質の融点と沸点についての基本的な概念や原理・法則などを理解しているとともに、科学的に探究するために必要な観察、実験などに関する基本操作や記録などの基本的な技能を身に付けている。	状態変化について、問題を見いだし見通しをもって観察、実験などを行い、物質の性質や状態変化における規則性を見いだして表現しているなど、科学的に探究している。	状態変化に関する事物・現象に進んで関わり、見通しをもったり振り返ったりするなど、科学的に探究しようとしている。

既習事項とのつながり

⑴小学校 4 年：水は温度によって水蒸気や氷に変わること、水が氷になると体積が増えることについて学習している。

指導のポイント

⑴**本単元で働かせる見方・考え方**

　本単元では、固体・液体・気体という物質の状態を体積や質量の面から質的に捉え、それをもとに各状態で粒子のモデルではどのように表すことができるか、実態的な視点で捉えなおす。そうすることによって、状態変化では粒子の並び方や隙間の大きさが変化するものの、粒子そのものは変化していないというところに注目し、2 年生で学習する、粒子（このモデルでは「物質」を表す）が変化する化学変化につなげられるようにしていきたい。

⑵**本単元における主体的・対話的で深い学び**

　状態変化では体積が変わっても質量が変わらないという実験結果をもとに、状態変化が起こるときの粒子の運動のモデルをどのように表すか、クラスや班で自分の考えを説明しながらイメージをつかませていきたい。

指導計画（全6時間）

㋐ 状態変化と熱（3時間）

時	主な学習活動	評価規準
1	水以外の物質も状態が変わるのか。	（知）
2	物質が状態変化すると質量と体積は変わるか。 実験 「ロウの状態変化と質量・体積」	思
3	状態変化の粒子モデル ◀ 対話的な学び　質的　実体的	態

㋑ 物質の融点と沸点（3時間）

時	主な学習活動	評価規準
4	エタノールの状態変化するときの温度を記録し、グラフにかく。 基本操作　グラフのかき方 仮説の設定　量的　関係的	知
5	2種類の液体の混合物を分離する方法を考える。 ◀ 対話的な学び	（態）
6	蒸留の実験を行い、混合物が分離したことを確認する。 実験 「エタノールと水の混合物の分離」	（知）

第 ① 時

物質の状態変化

（本時のねらい）
・水以外の状態変化について例示し、温度による状態変化を説明することができる。

（本時の評価）
・物質は温度により固体、液体、気体に状態変化することを理解している。（知）

（準備するもの）
・ろうそく
・マッチ・燃えがら入れ
・ぬれぞうきん
※食塩の実験をする場合
・食塩・るつぼ・マッフル
・ガスバーナー・スタンド
・ワークシート

付録

| 課題 | 身のまわりの物質も水のように姿を変えるのだろうか。 |

1

| 予想 | 変えると思う。
例
●ドライアイス　●ろうそく
●砂糖 |

2

| 方法 | ろうそくを加熱したり、冷却して、物質がどのような状態になるのかを観察する。 |

> 加熱や冷却をした際にどのような状態になるのか、固体・液体・気体という言葉を用いて記録するように観察の視点を助言する

（授業の流れ） ▷▷▷

1　課題を設定し、予想をあげる〈10分〉

水は気体や液体・固体というように温度により状態を変えました
では身の回りのほかの物質ではどうでしょうか？

変えるんじゃないかな？

砂糖を加熱したとき固体から液体に変化したね

・やかんが沸騰する様子などを見せながら液体の水（湯気）と気体の水（水蒸気）について確認をする。
・復習を基に他の物質ではどうか、課題について生徒に予想させる。

2　予想を確かめるための実験方法を説明し演示実験を行う〈15分〉

では、身近な物質であるロウを使った実験を観察してみましょう

ロウを加熱したり冷却したりするとどのような状態になるのかに注目してみてください

・固体のロウを加熱すると融けて液体の状態になること、また冷却すると固まって液体から固体の状態になることを確認する。

3
結果

	加熱	冷却
	融けた	固まった
状態	液体	固体

・ロウの白い煙の部分に火を
近づけると燃えた。
（ろうの気体が燃えた。）

4
考察

結果より、ほかの物質も温度
により状態が変化するといえ
る。

説明

状態変化…温度によって
物質の状態が変わること。

まとめ 身のまわりの物質は温度によっ
て状態変化する。

復習・補足

---

3 結果を共有し、液体から気体へ
の状態変化を確認する 〈5分〉

では、ロウを使った
実験をさらに観察し
てみましょう

さらに加熱すると気体
にもなるのかな

・演示実験をする。
・ろうそくの火を消して白い煙を立ち上がらせ、そ
こに火をつけると燃えることを観察する。このこ
とにより、ロウが気体になって存在していること
を確認する。

4 結果から分かることを考察し
状態変化についてまとめる〈20分〉

結果から
他の物質も温度により状
態が変わるといえます

このように温度によって
物質の状態が変わること
を状態変化といいます

・実験結果から分かることを考察し、状態変化につ
いてまとめる。
・食塩の状態変化については可能であれば実施し、
難しい場合は資料映像などで紹介する。

第②時

物質の状態変化と質量・体積の変化

（本時のねらい）

・エタノールの例を参考にロウについての状態変化において質量や体積がどのようになるか見通しをもちながら実験を行うことができる。

（本時の評価）

・ロウが状態変化する際、体積は変化するが質量は保存されていることを見いだし説明している。思

（準備するもの）

・ロウ・ビーカー・電子てんびん
・油性ペン・氷・薬包紙
・洗面器などの容器
・アルミニウムはく・厚紙
・ぞうきん・ガスバーナー
・三脚・金網
・ワークシート

付録

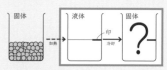

1 課題 物質が状態変化するとき質量や体積はどうなるのだろうか。

2 方法 液体のロウが固体に状態変化するときの質量と体積を調べる。

固体	液体	固体
	印	?

●質量（電子天秤）
●体積（印をつける）

はじめの質量	30g

（授業の流れ）▷▷▷

1 前時の復習をし、課題を把握する　〈5分〉

水が状態変化するように、ロウも加熱すると状態変化することがわかりましたね

では物質が状態変化するとき、体積や質量も変化するのでしょうか

・ろうそくに火をともすとロウがとけている様子などを見せて状態変化について復習を行う。
・「物質が状態変化するときに体積や質量も変化するのか」という課題を提示する。

2 実験方法の説明を聞き、各自予想を記入する　〈10分〉

ロウを使った実験で調べてみましょう

質量は固体の方が大きそうだな

体積は固体より液体の方が大きいかな

・実験方法は電子黒板などを用いて簡単に説明する。
・加熱前の固体のロウをビーカーごと秤量し、予想の記入をするように指示する。

	調べる項目＼状態	液体	固体
予想			
予想	質量	30gより小さくなる	30g
	体積		
結果			
結果	質量	30g	30g
	体積		

予想 についてのメモ: 予想について、なぜそのように考えたのかを聞く

復習・補足

状態変化

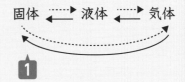

固体 ⇄ 液体 ⇄ 気体

[3]

考察 結果より、ロウは液体から固体に状態変化すると体積が小さくなるとわかる。また、どちらの場合も質量は変わらないといえる。

[4] 注意！

水は例外
体積
固体＞液体

---

3 実験を行い結果・考察を共有する 〈25分〉

実験結果から、状態変化によってロウの場合、体積・質量はどうなったといえますか？

結果から、液体のロウが固体のロウに状態変化するときは体積は減りますが、質量は変化しないといえます

実験

・加熱を開始する。ロウが液体に変化したらペンで印を付け、秤量してビーカーを冷やす。
・冷やす時間を利用して、なぜ予想のように考えたのか共有する。
・結果を共有し、考察をする。

4 まとめと水の状態変化についての解説を聞く 〈10分〉

液体から固体になるときロウをはじめとする多くの物質は体積が減りますが、例外的に水は体積が増えます

いずれにしても、状態変化で体積は変わっても質量は変わりません

・実験のまとめを行うとともに、水は例外的に体積が増えることを説明する。
・エタノールにお湯をかけ状態変化が起こる演示実験を質量もはかりながら行い、体積は変化するが質量は変わらないことを確認する。

第③時

状態変化の粒子モデル

(本時のねらい)

・状態変化における体積や質量についてモデル
を用いて説明することができる。

(本時の評価)

・状態変化をするときの様子を粒子のモデルを
用いて表そうとしている。態

(準備するもの)

・ホワイトボード
・復習で用いる粒子モデ
ルの見本（すぐに掲示
できるように印刷して
おくとよい）
・ワークシート

付録

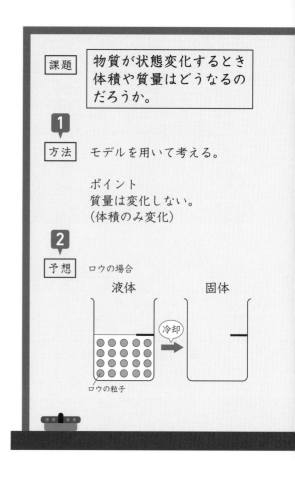

| 課題 | 物質が状態変化するとき体積や質量はどうなるのだろうか。 |

1
方法　モデルを用いて考える。

ポイント
質量は変化しない。
（体積のみ変化）

2
予想　ロウの場合

液体　　　　　　　固体

冷却

ロウの粒子

(授業の流れ) ▷▷▷

1 体積や質量をモデルで表す 方法について想起させる 〈10分〉

前回の実験結果について詳
しく考えていきましょう
ところで、目に見えない現
象を分かりやすく表すには
どんな方法がありましたか

ロウの実験で何が起こって
いたのか粒子のモデルで表
してみましょう

・前時の復習として一般的な物質の固体・液体・気
体の体積や質量の大きさの関係を確認する。
・これらの現象を説明するために粒子モデルが有効
であることを、水溶液で学習した粒子モデルに触
れながら方法として提示する。

2 予想・仮説を立てる 〈15分〉

体積は変わってい
るけど質量は変わ
らない…
粒子が大きくなっ
ているのかな？

固体より液体のほう
が粒子が広い範囲で
動いているとしたら
体積について説明で
きないかな？

粒子が運動していると
考えると固体・液体・
気体のそれぞれの粒子
の運動はどうなってい
るでしょうか

自考の時間

図で表すとこんな感じかな
質量についてもこれで説明
できるかな？

先生の発問

(対話的な学び)

・ロウの実験でどのようなことが起こっていたのか
をまず自考する。
・教師から「粒子が運動しているとすると？」と発
問を投げかけ、思考のヒントとなるようにする。
・グループで粒子のモデルの様子をホワイトボード
にまとめるように指示し、全体で予想を共有する。

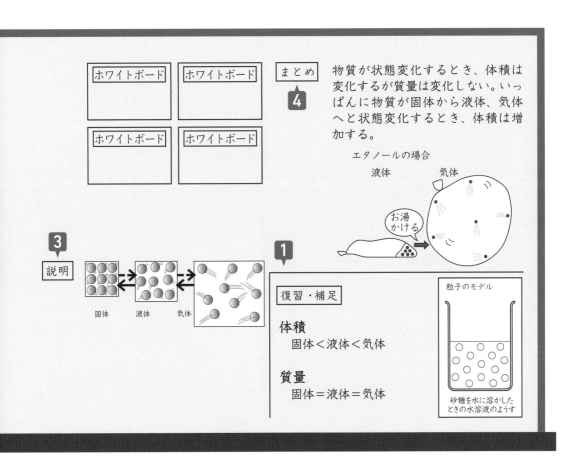

まとめ
4

物質が状態変化するとき、体積は変化するが質量は変化しない。いっぱんに物質が固体から液体、気体へと状態変化するとき、体積は増加する。

エタノールの場合

液体　　　気体

お湯かける

3

説明

固体　液体　気体

1

復習・補足

体積
　固体＜液体＜気体

質量
　固体＝液体＝気体

粒子のモデル

砂糖を水に溶かした
ときの水溶液のようす

---

3 状態変化についてモデルを用いた解説を行う　〈15分〉

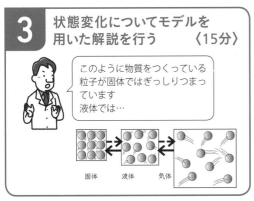

このように物質をつくっている粒子が固体ではぎっしりつまっています
液体では…

固体　液体　気体

質的　　実体的

・物質をつくっている粒子が固体・液体・気体の状態でそれぞれどのような動きをしているのかを図で示しながら解説する。

4 まとめを行い、エタノールの場合について考える　〈10分〉

ではエタノールの液体・気体の状態変化をモデルで表すとどうなるでしょう
ロウの状態変化を参考に図示してみましょう

・前時から継続しての課題に対するまとめを行う。
・エタノールの状態変化についてもモデルで表すように指示し、最後に解説を行う。

第④時

状態変化が起こるときの温度

（本時のねらい）

・エタノールの状態変化の実験結果をグラフを活用して確認することで純粋な物質における状態変化の規則性を見いだすことができる。

（本時の評価）

・エタノールを加熱したときの温度変化を時間ごとに記録し、結果を正しくグラフに表している。知

（準備するもの）

・エタノール・沸騰石
・試験管・ビーカー
・ガスバーナー・金網
・スタンド・支持環
・自在ばさみ・温度計
・時計・グラフ用紙
・ワークシート

付録

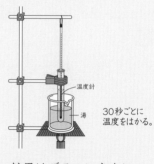

| 課題 | 水と同じように物質が状態変化するときの温度は決まっているのだろうか。 |

1

| 予想 | 決まっている（いない）だろう。 |

2

| 方法 |

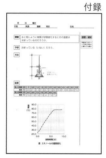

温度計
湯

30秒ごとに温度をはかる。

結果はグラフに表すとわかりやすい。

（授業の流れ）▷▷▷

1　課題について予想する　〈10分〉

水と同じように物質が状態変化するときの温度は決まっているのでしょうか

どんな物質も水と同じように0℃で融けはじめて約100℃で沸騰するのかな

水以外の物質もその種類によって状態変化する温度が決まっていると思うよ

（仮説の設定）

・水が固体から液体になるときの温度や液体から気体になる時の温度を確認し、「他の物質ではどうか」と問いかける。

・生徒に予想をさせるが、予想には時間をかけすぎないようにする。

2　実験方法を確認しグラフのかき方の説明を聞く　〈10分〉

実験で温度と測定値の関係を分かりやすく表すには何を活用したら便利でしょう？

グラフを使ったら変化の様子や規則性も見られると思います

・表はワークシートに載せておく。

・結果を可視化する方法としてグラフを利用することを確認し、そのかき方についてポイントを押さえる。

・実験方法の説明では沸騰石を入れる理由やエタノールの引火性についてなど注意点を確認する。

結果

4

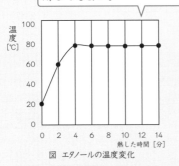

グラフはポスターを貼るか電子黒板や書画カメラを使用してもよい。

図 エタノールの温度変化

・約80℃で沸騰しはじめた。
・沸騰中の温度は変化しなかった。

考察　結果より、物質が状態変化するときの温度は物質の種類により決まっているといえる。

説明　沸点…液体が沸騰し、気体に変化するときの温度

融点…固体が融けて液体に変化するときの温度

純粋な物質

まとめ　物質が状態変化するときの温度（沸点や融点）は物質の量には関係なく物質の種類により決まっている。

復習・補足

　水…約100℃で沸騰

3　エタノールが状態変化するときの温度を記録する　〈15分〉

僕はエタノールの様子を観察する係をするよ

私は温度を確認しながら記録をするね

量的　関係的

・記録係と観察係など役割分担を行って実験を進めるようにする。
・パルミチン酸が融ける実験については時間があれば教師の演示実験によって確認をする。難しい場合は資料などを用いて紹介する。

4　結果の共有と考察を行い、沸点・融点について説明する　〈15分〉

結果から物質によって状態変化をする温度は決まっていると分かるね

液体が沸騰して気体になる温度を沸点、固体が融けて液体に変化するときの温度を融点といいます

・グラフについて、生徒のノートなどを書画カメラなどを用いて全体で確認する。
・結果を考察し「沸点」「融点」などの言葉の確認をする。

第 ⑤ 時

混合物を分離する方法

（本時のねらい）
・学習してきた知識を活用して沸点の違いにより蒸留で分離できることに気付くことができる。

（本時の評価）
・２種類の液体の混合物から物質を分離できるか主体的に考えようとしている。（態）

（準備するもの）
・ホワイトボード
・ワークシート

付録

課題 2 液体どうしが混ざり合った混合物を分けるにはどうすればよいのだろうか。

予想 3

ホワイトボード	ホワイトボード
ホワイトボード	ホワイトボード

（授業の流れ） ▷▷▷

1 状態変化が起こるときの温度について復習する 〈5分〉

物質が状態変化するときの温度は何によって決まっているのでしたか？

物質の種類によって決まっているのだったよね

エタノールは 約 78℃で沸騰したね

・これまでに学習した状態変化に関する知識、特に物質が状態変化するときの温度が物質の種類によって決まっていることを確認する。ここでの復習が本時の課題を解決するための手立てとなる。

2 課題に対する予想を立てる 〈10分〉

では、液体どうしが混ざり合った混合物を分けるにはどうしたらよいでしょう

沸点の差を利用できないかな

何に注目したら混合物を分けることができるでしょうか

自考の時間

・液体どうしが混ざり合った混合物を分けるにはどうしたらよいかという課題を提示し、予想をたてる手立てとして「何に注目したらよいか」という視点を与えるようにする。
・これまで学習したことを踏まえて課題に対する予想を立てるためにどのようなことが関係しているのかを個人で考える。

沸点のちがいを利用することにより、はじめにエタノール、次に水を取り出すことができるだろう。また、それぞれ気体になった物質は冷却することにより液体として取り出せるだろう。

復習・補足

1

物質が状態変化するときの温度
↓
物質の種類によって決まっている。

エタノール　78℃
水　　　　約100℃

方法 4

① 混合物から物質を取り出す。

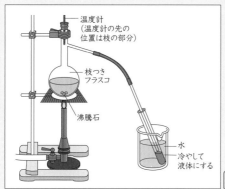

温度計
（温度計の先の位置は枝の部分）

枝つきフラスコ

沸騰石

水
冷やして液体にする

次時に続く…

② 試験管にたまった液体の性質を調べる。

---

3 課題に対する予想をまとめる 〈15分〉

沸点が低いエタノールが先に出てくると考えられるよね

気体を取り出して液体として集めるにはどうしようか

そのときにも状態変化を利用したらどうかな

対話的な学び

・個人の考えをもとにペアやグループで対話的な学びを行い、混合物を分けて集めるまでの方法を考える。
・話し合いの内容をまとめ全体で共有する。

4 予想を基に実験方法の検討を行う 〈20分〉

みなさんの仮説を基に実験方法をまとめてみましょう

出てきた物質が何かを調べるためにどんな実験が必要かな

・対話的な学びによりつくった仮説を基に、教師が「枝付きフラスコ」を使って実験をすることを助言しながら実験方法をまとめる。
・実験における注意事項、また出てきた物質のどんな性質を調べればよいかを確認する。

第⑥時

蒸留

本時のねらい

・前時に考えた方法を基に、沸点の差によって混合物を分離する実験を行うことができる。

本時の評価

・水とエタノールの混合物の蒸留を正しく行っている。（知）

準備するもの

・水・エタノール・枝付きフラスコ
・メスシリンダー・試験管（3）
・試験管立て・ビーカー・温度計・ゴム栓
・ゴム管・ガラス管
・沸騰石・ガスバーナー
・スタンド・支持環
・自在ばさみ・金網・ろ紙
・マッチ・ピンセット
・ワークシート

付録

課題 | 液体どうしが混ざり合った混合物を分けるにはどうすればよいのだろうか。

1

方法

前時までの内容

① 混合物から物質を取り出す。

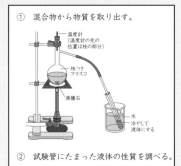

温度計（温度計の先の位置は枝の部分）
枝つきフラスコ
沸騰石
水　冷やして液体にする

② 試験管にたまった液体の性質を調べる。

前時の続きの授業なので、ノートやワークシートの続きに記録する

授業の流れ ▷▷▷

1 前時で考えた実験方法を確認しながら実験の準備をする　〈8分〉

温度計の球部を枝の高さにするのはなぜでしたか

出てきた蒸気の温度をはかるためです

・前時で学習した実験方法についてもう一度確認し、特に実験における注意事項などのおさらいをする。
・実験を効率よく行うため、グループで役割分担をする。

2 実験を行い結果を記録する　〈15分〉

最初の方に出てきた液体はにおいがするよ

温度変化はグラフに記録しておくね

実験

・実験の準備ができたら一斉に実験を開始する。
・物質の状態の確認と温度の記録をとるようにする。

2

結果

	1本目	2本目	3本目
色			
におい			
マッチの火			

3

考察

結果より、水よりも沸点の低いエタノールを多くふくんだ気体が先に出てきてその後水が出てきたといえる。

4

蒸留…液体を熱し、沸騰させ出てくる気体を冷やして再び液体として取り出すこと。

まとめ

ちがう種類の液体が混ざり合った混合物は沸点のちがいを利用した蒸留によってそれぞれの物質に分けることができる。

復習・補足

---

3 実験結果を共有し、考察する 〈15分〉

集めた試験管ごとににおいが違っていたり、マッチの火への反応が違ったね

結果からはじめに出てきた気体がエタノールだと分かるね！

・実験結果を表に書き、グラフを作成する。
・それぞれの試験管にたまった液体の性質からそれらが何の物質かを考察し仮説が正しかったか検証する。

4 蒸留について解説し、まとめる 〈12分〉

このような取り出し方を蒸留といいます。蒸留は私たちの身近なところで利用されています

・このような方法を蒸留ということを確認する。
・分留についても蒸留の原理が利用されていることを、その仕組みを説明しながら確認する。
・ワインやみりんの例についても触れ、時間があれば演示実験によりエタノールを取り出す様子を観察したい。

いろいろな生物とその共通点

　本単元では、身近な生物についての外部形態の観察や実験などを通して、生物の共通点や相違点を見いだし、生物を分類するための観点や基準を見いだし、それに基づいて分類した結果を分かりやすく表現することがねらいである。

　生物の特徴を見いだすために観察などの技能を身に付けること、観察結果に基づいて植物や動物の基本的なつくりを理解したり、共通点や相違点に基づいて分類できることを見いだして理解したりすることは、2年生以降の生物の体のつくりと働きや生命の連続性の学習に大いに役立つ。

（ア）　生物の観察と分類の仕方　全9時間
㋐生物の観察　5時間

次	時	主な学習活動	学習過程、見方・考え方、評価など
1	1	「学校周辺の環境と観察計画」	計画の立案
	2	観察「学校周辺の環境」	対話的な学び　記録 知
	3	「学校周辺の生物」	振り返り　共通性　多様性 記録 思
	4	観察「ルーペの使い方、植物の特徴」	共通性　多様性
	5	観察「双眼実体顕微鏡、花のつくり」	共通性

⑦生物の特徴と分類の仕方　4時間

次	時	主な学習活動	学習過程、見方・考え方、評価など
2	6	「生物の観察と特徴の発見」	対話的な学び
	7	「生物のなかまわけ」	対話的な学び　共通性　比較
	8	マッピング「いろいろな生物のなかまわけ」	比較　記録 思
	9	「分類結果を発表しよう」	振り返り　記録 態

（イ）　生物の体の共通点と相違点　全14時間
⑦植物の体の共通点と相違点　9時間

次	時	主な学習活動	学習過程、見方・考え方、評価など
1	1	観察「ツツジの花のつくり・合弁花」	共通性　多様性　比較　記録 思
	2	観察「離弁花のつくり」	共通性　多様性　比較　記録 思
	3	観察「花と果実」	比較　関連付け　記録 知
	4・5	観察「いろいろな花のつくり」	共通性　多様性　記録 態
	6	観察「マツの花のつくり」	比較　記録 知
	7	観察「花が咲かない植物　シダ・コケ」	比較　記録 知
	8	観察「芽生えと根のようす」	比較　記録 思
	9	「植物のなかまわけ」	対話的な学び　共通性　多様性

⑦動物の体の共通点と相違点　5時間

次	時	主な学習活動	学習過程、見方・考え方、評価など
2	10	観察「動物の体のつくり」	比較　共通性　記録 知
	11	「脊椎動物の5つのなかまの特徴」	対話的な学び　比較　記録 思
	12	観察「哺乳類の体のつくりの違い」	比較　記録 知
	13	観察「無脊椎動物のなかま」	比較　記録 知
	14	「動物の分類」	振り返り　共通性　多様性　記録 態

6 生物の観察と分類の仕方 （9 時間扱い）

単元の目標

　様々な環境の中にそれぞれ特徴のある生物が生活していることを見いださせるとともに、適切な観察器具の扱い方や観察記録の取り方などを身に付けさせる。さらに、観察した生物などを比較して見いだした様々な共通点や相違点を基にして、生物が分類できることを理解させるとともに、分類の仕方の基礎的な技能を身に付けさせる。

評価規準

知識・技能	思考・判断・表現	主体的に学習に取り組む態度
いろいろな生物の共通点と相違点に着目しながら、生物の観察、生物の特徴と分類の仕方についての基本的な概念や原理・法則などを理解しているとともに、科学的に探究するために必要な観察、実験などに関する基本操作や記録などの基本的な技能を身に付けている。	生物の観察と分類の仕方についての観察、実験などを通して、いろいろな生物の共通点や相違点を見いだすとともに、生物を分類するための観点や基準を見いだして表現しているなど、科学的に探究している。	生物の観察と分類の仕方に関する事物・現象に進んで関わり、見通しをもったり振り返ったりするなど、科学的に探究しようとしている。

既習事項とのつながり

　小学校では、動物では昆虫、植物では種子植物について、また、動物の活動や植物の成長と季節の変化について、さらに、生物は色、形、大きさなど、姿に違いがあること、昆虫の成虫の体は頭、胸および腹からできていること、植物の体は根、茎および葉からできていること、動物の誕生について学習している。

(1)小学校 3 年：「身の回りの生物」では、生物は色、形、大きさなど、姿に違いがあること、昆虫の育ち方や植物の育ち方には一定の順序があること、成虫の体は頭、胸および腹からできていること、植物の体は根、茎および葉からできていることを学習している。

(2)小学校 4 年：「人の体のつくりと運動」では、人の体には骨と筋肉があること、「季節と生物」では、動物の活動や植物の成長は、季節によって違いがあることを学習していること。

(3)小学校 5 年：「植物の発芽、成長、結実」では、花にはおしべやめしべなどがあり、花粉がめしべの先に付くとめしべのもとが実になり実の中に種子ができること、植物は種子の中の養分を基にして発芽し、水、空気、温度が関係していること、成長には日光や肥料などが関係していることを学習している。

(4)小学校 6 年：「人の体のつくりと働き」では、体のつくりと呼吸、消化、排出および循環の働きを、「植物の養分と水の通り道」では、植物の養分と水の通り道について学習している。

指導のポイント

　本単元は、身近な生物についての観察などを行い、様々な環境の中にそれぞれ特徴のある生物が生活していることを見いださせるとともに、適切な観察器具の扱い方や観察記録の取り方などを身に付けさせる。さらに、観察した生物を比較して見いだした様々な共通点や相違点をもとにして、生物が分類できることを理解させるともに、分類の仕方の基礎的な技能を身に付けさせる。

⑴本単元で働かせる見方・考え方

本単元は、「生命」を柱とする内容のうち、「生物の観察と分類の仕方」に関わる領域である。「多様性」の見方を働かせていろいろな生物が様々な場所で生活していることを見いださせたり、「共通性」の見方を働かせて生物の共通点と相違点を見いださせるように指導の工夫をする。また、見いだした生物の特徴を「比較する」ことによって、生物が分類できることに気付くように導いていく。

⑵本単元における主体的・対話的で深い学び

身の回りにはいろいろな生物が生活していることに気付かせ、様々な環境の中で特徴のある生物がいることを見いだしながら、生物に対する興味や関心を高めさせたい。そのためには、班活動によっていろいろな視点から観察を行わせ、情報交換を適宜行わせるようにさせる。

また、観察した結果に基づいて、同じような特徴をもったものがいたり、見た目は同じように見えるがよく観察すると違いがあったりすることによって気付くことで、生物を詳しく観察する楽しさを味わわせたい。さらに、観察した結果をもとに、共通する特徴ごとになかま分け（分類）できることや、特徴（分類する観点）を変えるとなかま分けの仕方が違ってくることがあることを、仲間との話し合いを通して気付いていくようにさせたい。分類する観点は、生物にとってどのような意味があるのか、なぜいろいろな特徴をもった生物がたくさんいるのかなど、様々な考えを出し合っていくことで、生物の多様性や共通性に対する考えを広げたり、生物の不思議さや生命の尊さを実感させることも期待できる。

指導計画（全9時間）

㋐ 生物の観察（5時間）

時	主な学習活動	評価規準
1	計画の立案 学校周辺の環境に生物が生活していることを知り、生物の観察の計画を立てる。	（知）
2	観察 対話的な学び 校庭および学校周辺の生物の観察を行う。	知
3	振り返り 共通性 多様性 学校周辺の生物の観察の結果を整理し、発表する。	思
4	共通性 多様性 観察 ルーペの使い方を身に付ける。	（知）
5	共通性 観察 双眼実体顕微鏡の使い方を学び、観察できるようにする。	（知）

㋑ 生物の特徴と分類の仕方（4時間）

時	主な学習活動	評価規準
6	いろいろな生物について、その特徴を調べる。 対話的な学び	（思）
7	対話的な学び 共通性 比較 共通する特徴をもつ生物の相違点を見いだす。	（思）
8	比較 いろいろな生物を様々な観点でなかま分けする。	思
9	振り返り 「共通性・多様性」生物を分類する様々な観点を見いだし、整理する。	態

第①時

学校周辺の環境と観察計画

(本時のねらい)
・学校周辺の環境を理解し、生物の観察計画を
　立てることができる。

(本時の評価)
・いろいろな生物が様々な場所で生活している
　ことを見いだしている。（知）

(準備するもの)
・学校周辺の地図、写真、映像
・観察計画書

観察計画書
　　　　　　　　　　　年　組　番　氏名
調べてみたい場所
　　正門付近

予想
　どのような環境か
　　日当たりがよい

　どんな生物がいそうか
　　サクラ（ソメイヨシノ）
　　モンシロチョウ

　観察に必要なものなど
　　トレイ、図鑑

(授業の流れ) ▷▷▷

1 学校周辺の地図で、
位置関係をつかむ　〈5分〉

桜はどこに
咲いていた？

・本日の学習活動の内容を理解し、学校の大まかな
　位置関係をつかませる。

2 学校の地図や映像などを見ながら、
学校周辺の環境の概要をつかむ〈10分〉

校門のそばに
は桜が咲いて
いたよ

校舎の北側には
植物はあるの？

・実際に目についた植物を挙げさせる。
・写真などを使って、学校周辺の環境を理解させる。

課題

学校周辺はどのような環境で、どのような生物が生活しているだろうか。

校舎配置図 **1**

理科室

花だん

会議室

・学校周辺の環境 **2**
　方位の確認：北は？
　日光の当たり方：
　　　　　　日かげと日なた

・「観察計画書」の **3**
　作成（学習班）
　調べてみたい場所
　予想
　　環境
　　生物
　観察に必要なもの

作成する 〈20分〉

4 観察計画を発表する 〈10分〉

学校の北側にはどんな
生物がいるか調べてみ
たいです

・いそうか、観察に必要なも

・観察計画書をそれぞれが作成する。必要に応じて、
　班内で話し合いをさせる。
・観察してみたい場所を決め、どんな環境でどんな
　生物がいそうか予想をさせる。

・班内で考えた計画を発表させる。
・各班の発表の内容を参考にし、計画を修正させる。

第②時

学校周辺の環境と観察

（本時のねらい）
・学校周辺を観察し、いろいろな生物が様々な場所で生活していることに気付くことができる。

（本時の評価）
・身の回りにはいろいろな生物が様々な場所で生活していることを見いだしている。知

（準備するもの）
・学校周辺の地図
・観察記録用紙
・カメラ

【観察の記録】 4月20日（木曜日）

　　　　　　　　　　　　　　年　　組　　番　氏名

班　　　1班　　　　　　　　天気　　晴れ

観察場所　　校舎の北側

・どのような環境か
　日かげ、湿っぽい
　落ち葉

・見つかった生物とその特徴

植物：コケ
　　　ツユクサ（青い花）

動物：ダンゴムシ（あし多数）
　　　ミミズ（あしがない）

（授業の流れ）▷▷▷

1　観察方法の確認を行う　〈5分〉

自分たちは、どこを観察するのか確認してください

・観察時間、注意点などを説明し、観察場所を確認させる。

2　観察の準備をし、観察場所に移動する　〈5分〉

観察に必要なものは何？

私たちの班は、校門付近の観察だね

・持ち物の確認をさせる。
　（記録用紙、筆記用具など）
・カメラや図鑑を持たせてもよい。

課題

私たちの学校周辺にはどのような生物がいるのか、調べてみよう。

1 ・観測場所の確認

【各班の観察場所】

【1班】
【2班】 理科室
花だん
会議室
中庭【3班】
サクラ
正門【4班】

2 ・観察の時間［30分］
・教室に戻って、結果のまとめ

・生息する生物
（植物・動物）
種類
特徴
その他（気付いたこと）

3 班ごとに活動する 〈30分〉

観察

・観察の結果を記録させる。
・生物の特徴を調べさせる。
・観察場所の環境を確認する。

4 教室に戻り、観察結果をまとめる 〈10分〉

対話的な学び

・教室に戻り、それぞれが観察した結果を班内でまとめさせる。
・カメラの映像を見て、生物の種類や特徴を確認する。

第③時

学校周辺の生物

本時のねらい

・学校周辺で観察したいろいろな生物の共通点に気付くことができる。

本時の評価

・学校周辺で観察した生物の共通点を見いだしている。思

準備するもの

・観察記録用紙
・カメラ
・モニター

課題	観察結果をもとに、学校

2

校内生物の観察結果

1班：校舎北側　日かげ
　植：ドクダミ、ツユクサ、シダ、コケ
　動：ミミズ、ダンゴムシ

2班：校舎西側　日なた
　植：タンポポ、アブラナ

3班：中庭　日なた
　植：タンポポ、オオバコ、シロツメクサ

4班：正門付近　日なた
　植：サクラ、ムラサキハナナ
　動：モンシロチョウ

授業の流れ ▷▷▷

---

1 観察結果を整理し、発表の準備をする　〈5分〉

私たちの観察場所は、日あたりがよい場所だね

振り返り

・観察場所の環境、生物の種類、特徴など気付いたことなどをまとめ、発表の準備をさせる。

---

2 班ごとに観察結果を発表する　〈15分〉

校舎の北側は、日かげでドクダミとツユクサが見つかりました

・各班の代表者に観察結果を発表させる。必要に応じて、カメラ画像をモニターに映す。
・発表の要点を黒板に書く。

周辺の生物の共通点を見つけよう。

4

5班：校舎東側　日なた（一部校舎の影）
植：エンドウ、タンポポ、シダ、コケ
動：モンシロチョウ、ダンゴムシ

観察した場所の様子、見つけた生物などを映し出す。

モニター

【気づいたこと】「生徒の発表」
・セイヨウタンポポは日なたに多い。
・ドクダミやツユクサは日かげに多い。
・ムラサキハナナはアブラナと花が似ている。
・シロツメクサは小さな花がたくさん集まっている。

・同じような生物は、似た環境にいる。
＊学校には、意外とたくさんの生物が生息している。

3 各班の発表を聞いて、気付いたこと、共通点や相違点などを考える〈20分〉

僕たちと同じ生物が見つかった班があるな

この2つは、種類は違うけど花はよく似ている

（共通性）（多様性）
・観察場所の環境や生物の種類に注目させる。
・それぞれの考えを、班内で共有し合うように指導する。

4 気付いたことを発表し、全体で共有する 〈10分〉

観察場所が違うのに同じ植物があります

・なるべく多くの考えが出るように指導する。同じような考えをもっている者を確認する。
・必要に応じて、質問をさせる。

第④時

ルーペの使い方

（本時のねらい）

・ルーペを使って身近な植物の花を観察し、特徴や共通点を見いだすことができる。

（本時の評価）

・ルーペを正しく使い、花のつくりを観察している。（知）

（準備するもの）

・ルーペ
・花（シロツメクサ、タンポポ）

ルーペの使い方

①ルーペを手で持ち、目の前に固定して持つ。

②観察したいものをもう一方の手で持ち、ルーペで観察する。

③観察したいものを前後させ、ピントを合わせる。

▼ルーペの使い方

ルーペは前後させない。

観察するものを前後させる。

（授業の流れ）▷▷▷

1 ルーペの使い方を知る 〈5分〉

ルーペの使い方には決まりがあります
正しい使い方をすると、詳しく観察することができます

・ルーペの正しい使い方を、実演しながら説明する。
・生徒にルーペの使い方を聞きながら説明する。

2 本時の課題を知る 〈5分〉

2つの植物の特徴を詳しく調べましょう

2つの植物には共通点があります。それは何でしょう

・シロツメクサとタンポポの花の集まりを、班に1つずつ配付し、班で協力して観察させる。
・花を分解し、花以外の特徴なども観察することを伝える。

課題 ルーペを正しく使って、植物の特徴を調べ、共通点を見つけよう。

1. ルーペの使い方　③➝

2

2. シロツメクサとタンポポの観察
①花の集まりを、ルーペを使って観察する。
②花の集まりを、手で分解して調べる。

・2つの植物の特徴を調べる。

・2つの植物の共通点を調べる。

【観察結果】

1　シロツメクサ
　白い小さな花の集まり（30～40）

2　タンポポ
　黄色い小さな花の集まり（100～200）

3　共通点
　たくさんの小さな花が集まっている。
　（集合花）
　花の中にめしべやおしべがあった。

3 2つの花を観察し、それぞれの特徴や共通点を見いだす　〈30分〉

たくさんの小さな花がある

先端に花粉がついているめしべじゃないかな

観察
・小さな花を分解し、つくりの違いを調べさせる。
・特徴や気付いたことを、ノートにメモを取ることを伝える。
・ルーペの使い方がうまくできない生徒のサポートをする。

4 気付いたことをまとめ、発表する　〈10分〉

2つの共通点は、たくさんの花が集まっていることです

共通性　多様性
・シロツメクサもタンポポもたくさんの小さな花が集まっていることに気付かせる。

第⑤時

双眼実体顕微鏡の使い方

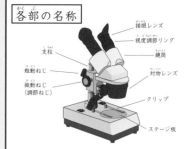

（**本時のねらい**）
・双眼実体顕微鏡を使って、花のつくりを調べることができる。

（**本時の評価**）
・双眼実体顕微鏡を正しい使い方で、花のつくりを観察している。（知）

（**準備するもの**）
・双眼実体顕微鏡
・ピンセット
　柄付き針
・花（シロツメクサ）
・ポスター（正しい使い方）

課題 双眼実体顕微鏡を使っ

双眼実体顕微鏡の正しい使い方

各部の名称

接眼レンズ
視度調節リング
支柱
鏡筒
粗動ねじ
対物レンズ
微動ねじ
（調節ねじ）
クリップ
ステージ板

注意すること

○ 顕微鏡の持ち運びは両手で行ない、水平なところに置く。
○ 粗動ねじをゆるめるときは、本体が急に下がるので必ず鏡筒を支えて操作する。
○ 日光が直接当たるところでの使用はしない。
○ 光源がハロゲン球のものは照明部分が高温になるので直接手で触れないように注意する。

（**授業の流れ**）▷▷▷

1 双眼実体顕微鏡の使い方を知る　〈10分〉

双眼実体顕微鏡の各部の名称を知り、正しい使い方を理解しましょう

・双眼実体顕微鏡の正しい使い方のポスターを貼る。
・実演しながら、操作のポイントや注意点をていねいに説明する。

2 本時の課題を知る　〈5分〉

1つの花を分解し、双眼実体顕微鏡を正しく使って、つくりを調べましょう

・班ごとに、花の集まりを1つずつ配る。
・双眼実体顕微鏡で観察しながら、花を分解する。
・ピンセットと柄付き針を使って、ていねいに分解させる。

て、シロツメクサの花のつくりを詳しく調べよう。

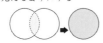

使い方

1. 目の幅を調節する
接眼レンズを目の幅に合うように調節し、左右の視野が重なって1つに見えるようにする

2. ピントを合わせる
右目でのぞきながら、調節ねじを回してピントを合わせる。

3. ピントを調節する
左目でのぞきながら、視度調節リングを回してピントを合わせる。

1 2

1. 双眼実体顕微鏡（ポスター）
・各部の名称
・使い方の手順

3

2. シロツメクサの花を、双眼実体顕微鏡で観察する。

①1つの花を分解して観察する。
（ピンセット、えつき針）
②花のつくりを調べる。

[気付いたこと] ◀ **4**

・めしべ、おしべ、花弁、がくがある。
・花びらの大きさが異なる。
・花びらは5枚ある。

---

3 双眼実体顕微鏡を使って、花のつくりを観察する　〈30分〉

めしべやおしべが見つかった

観察
・花のつくりを思い出させる。
・双眼実体顕微鏡がうまく操作できない生徒のサポートをする。
・ノートに気付いたことを記録させる。

4 気付いたことをまとめ、発表する　　〈5分〉

シロツメクサの1つの花にも、めしべ、おしべ、花弁、がくがあります

(共通性)
・シロツメクサにも、めしべ、おしべ、花弁、がくがあることに気付かせる。
・花のつくりは共通していることを理解させる。

第⑥時

生物の観察と特徴の発見

本時のねらい

・いろいろな生物を観察し、その特徴を指摘することができる。

本時の評価

・身近な生物についての観察、実験などを通して、いろいろな生物の特徴を見いだしている。（思）

準備するもの

・図鑑
・インターネットを使用できる端末
・ワークシート

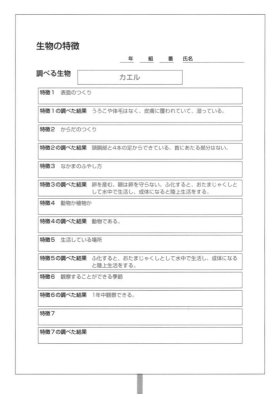

生物の特徴

年　　組　　番　氏名

調べる生物	カエル
特徴1	表面のつくり
特徴1の調べた結果	うろこや体毛はなく、皮膚に覆われていて、湿っている。
特徴2	からだのつくり
特徴2の調べた結果	頭胴部と4本の足からできている。首にあたる部分はない。
特徴3	なかまのふやし方
特徴3の調べた結果	卵を産む。親は卵を守らない。ふ化すると、おたまじゃくしとして水中で生活し、成体になると陸上生活をする。
特徴4	動物か植物か
特徴4の調べた結果	動物である。
特徴5	生活している場所
特徴5の調べた結果	ふ化すると、おたまじゃくしとして水中で生活し、成体になると陸上生活をする。
特徴6	観察することができる季節
特徴6の調べた結果	1年中観察できる。
特徴7	
特徴7の調べた結果	

授業の流れ ▷▷▷

1 いろいろな生物を挙げる〈10分〉

地球上にはどのような生物がいるかな
思いつく生物を挙げてみよう

地球上にはたくさんの生物がいるんだよね

・生徒から自由に意見が出るような雰囲気作りを心がける。
・可能ならばすべての生徒に発言の機会を設ける。
・生徒に発言させる際、ゲーム性をもたせてもよい。

2 生物の特徴を調べるにはどこに着目すればよいか考える〈15分〉

どのような特徴を調べればいいか各班で考えてみよう

なかま分けしていく際に適した特徴はどんなものがあるかな

・あとでなかま分けをする学習があることを生徒に伝え、見通しをもたせる。
・なるべく多くの観点が挙がるようにいろいろな意見を引き出すように心がける。

課題

生物にはどのような特徴があるだろうか

準備

・図鑑
・インターネットを使用できるデバイス

方法

1. いろいろな生物をあげる。
   （一人1つ以上）
2. 調べる特徴をあげる。
   （班で1つ以上）
3. 生物の特徴を図鑑やインターネットで調べる。
4. 調べた結果をクラスで共有し、情報を深める。

クラスであがった生物

サクラ、クマ、ヒマワリ、アサガオ、クワガタ、ツバメ、フナ、アユ、ウミガメ、サル、シイタケ、イルカ、サワガニ、カエル、イカ、コンブ、チューリップ、チョウ、ハクチョウ、マグロ

生徒からあがった意見をすべて書き出す

調べる特徴

・生活している場所
・植物か動物か
・からだの色
・食べることができるかできないか
・主に観察することができる季節

---

3 生物の特徴を調べてワークシートに書き出す〈15分〉

各班で挙げた特徴を図鑑やインターネットで調べよう

情報を整理することって難しいね

・生徒から挙がった生物について特徴を整理する際、ワークシートを用意するとよい。また、図鑑やインターネットを大いに活用させる。

4 ワークシートの結果をクラスで共有し、情報を追加する〈15分〉

友達はどのようなことを調べたか共有しよう

僕たちが調べたことはこれだよ

対話的な学び

・他者から得た情報があった際、その部分に小さい付せんを貼るなどのマーキングをすることで、情報を得られた生徒の自己肯定感を向上させることができる。

第⑦時

共通する特徴をもつ生物の相違点を見いだす

（本時のねらい）
・第①時で見いだした特徴などを基に、分類するための観点を選び、基準を設定することができる。

（本時の評価）
・見いだした共通点や相違点を基に分類するための観点や基準を設定している。（思）

（準備するもの）
・前時のワークシート
・台紙
・付せん
・カラーペン

課題

生物の特徴をもとになかま分けをするときの観点や基準は何か

準備物

・前時のワークシート、台紙、ふせん、カラーペン

方法

1. 前時の確認。
2. なかま分けの観点と基準を班ごとに決め、生物名を書いたふせんを台紙に貼る。
3. 台紙にカラーペンを用いて観点と基準をわかりやすくまとめる。
4. マッピングを発表し、クラスで共有する。

（授業の流れ）▷▷▷

1 前時のワークシートをグループで確認する 〈10分〉

前回の授業でどのような特徴を記入したかな　班で確認しよう

外見は似ていなくても特徴が共通することがあるね

（共通性）
・座席をグループワークしやすい配置に替える。
・付せんは色ごとに共通点を整理できるよう、いろいろな色を用意しておく。大きい付せんの方が情報を共有しやすい。

2 なかま分けの観点と基準を班ごとに決め、付せんを台紙に貼る 〈15分〉

どのような観点と基準でなかま分けすることができるかな

「観点」と「基準」って何かな

「生活場所」という観点ならば、「海・陸・川」っていう基準になるね

対話的な学び
・タブレットなどのデジタル媒体を活用すると作業がしやすく、かつグループごとに共有しやすい。

「観点」と「基準」とは？

| 観点 | ものごとを観る視点 例…生活場所 | 基準 | ある観点の根拠となるものや数値 例…陸上・海・川 |

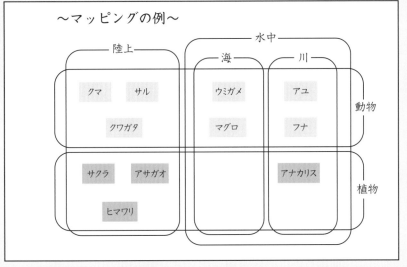

~マッピングの例~

	陸上	水中	
		海	川
動物	クマ サル クワガタ	ウミガメ マグロ	アユ フナ
植物	サクラ アサガオ ヒマワリ		アナカリス

3 付せんを貼った台紙に観点と基準を分かりやすくまとめる　〈15分〉

基準の違いが他の人に分かるように表現しよう

配色や図示を工夫すると分かりやすくなるね

比較

・カラーペンや付せんの色の配色に工夫すると、視覚的により分かりやすいマッピングになる。

4 各班でまとめたマッピングを発表し、クラスで共有する　〈15分〉

僕たちの班はこのようにまとめました

その配色の違いにはどのような意図があるのかな

・作成したマッピングはクラス内で共有し、そのマッピングにはどのような意図があるのかを発表させる。

第⑧時

いろいろな生物を様々な観点でなかま分けする

本時のねらい

・観点や基準を変えると分類の結果が変わることがあることを見いだすことができる。

本時の評価

・なかま分けをする際の観点や基準を変えると分類の結果が変わることがあることを見いだしている。思

準備するもの

・前時に作成したマッピング
・新しい台紙
・付せん
・カラーペン
・タブレットやデジタルカメラなど画像を撮影できるもの

課題

観点や基準を変えて分類してみよう

準備

前時に作成したマッピング、新しい台紙、ふせん、カラーペン、タブレットなど画像を撮影できるもの

方法

1. 特徴に着目しながら「観点」と「基準」を書きだす。
2. 1の観点と基準でなかま分けを行う。
3. 2の結果を撮影したら、他の観点と基準で再度なかま分けを行う。
4. 各班で作成したマッピングを共有する。

授業の流れ ▷▷▷

1 前時の特徴に着目して観点と基準を書き出す 〈5分〉

どのような観点があがっていたかな

これ観点になるかな？

それが観点ならばこういう基準になるんじゃないかな？

・観点及びそれに基づく基準は様々であることを伝える。

2 1で決めた観点と基準でなかま分けを行う 〈10分〉

様々な観点でなかま分けしてみよう

前のなかま分けと随分違うね

付せんやペンの色を変えて表現してみると違いが分かりやすいかもしれないね

・観点と基準が確かならば、その分類は容易であることを確認させる。

 ～いろいろななかま分け～

2
3
4

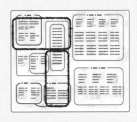
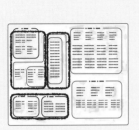

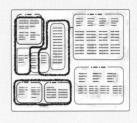

生徒が撮影した画像はプロジェクターなどで映写して
クラス内で共有すると効果的である

---

3 結果を記録したら、**1**で考えた他の観点と基準で再度なかま分けを行う 〈10分〉

他の観点や基準はあるかな？

観点やその基準を考えてみるのは面白いね

・マッピングを作成させたら、その都度、結果を記録させる。
・複数の結果が作成できたら、それらを比較するように促す。

---

4 各班内で複数作成できたマッピングを共有する 〈25分〉

作成した結果を班で振り返ろう

同じ生物を扱っているのにいろいろな観点があるね

（比較）

・複数の結果が作成されたら、それらを比較するように促す。

第 ⑨ 時

生物を分類する様々な観点を見いだし、整理する

（**本時のねらい**）
・観点の違いによって分類した結果を比較してわかることを整理することができる。

（**本時の評価**）
・分類の仕方に関する事物・現象に進んで関わり、科学的に探究しようとしている。態

（**準備するもの**）
・これまでに作成したマッピング
・振り返りシート

振り返りシート

年　　組　　番　氏名

あなたの立場は次のどちらでしたか。

発表者　・　聞き手

発表する際に心がけたことや難しかったことなどを書き留めなさい。

聞き手の人になるべくわかりやすいような言葉使いを心がけました。

他のグループの発表を聞く際に心がけたことや難しかったことなどを書き留めなさい。

アイコンタクトや頷いたりするなどを意識しました。
あと、なるべく多くのメモを取るようにしました。

いろいろな生物を比較して共通点や相違点を基にして、観点や基準を見つけるワークであなたが考えたことを述べなさい。

生物の分類の基礎を学べたように思いました。

観点や基準を決めて、いろいろな生物を分類する際、科学的に捉えたと判断できる点を述べなさい。（わかったことがあれば、自分たちの結果でも他のグループの結果でもかまいません）

動物と植物など形態は全く違う生物でも、さまざまな共通点があることを見出すところが科学的な視点をもつことなのかなと感じました。

（**授業の流れ**）▷▷▷

1 結果を説明する生徒以外は他の班の発表を聞きに行く　〈5分〉

班で発表する人を1名決めて、それ以外の人は他の班の発表を聞きに行きましょう

わたしが発表するね

他の班はどのような発表をするのかな

・発表者1名は質問（来場）者に対して決められた時間で観点と基準の理由を述べることができるように準備する。

2 班の数だけローテーションで発表を行う　〈25分〉

発表は約90秒、質疑応答を約90秒としましょう。発表を聞きながら、よかったことや、質問することなどをメモしよう

このふせんの色にはどういう意味があるのかな？

・発表時間は90秒～120秒ぐらいが発表側も聞き手も適切な長さである。
・聞き手にはできるだけ多くのメモを残すように促す。

課題

観点の違いによって分類した結果を比較してわかることを整理しよう。

方法

1. 分担を決める。
   ①自分の班の結果を説明する生徒
   　…1名
   ②他の班の発表を聞きに行く生徒
   　…その他

2. 1回あたりの発表時間は3分。全班の発表を聞く。

3. 他の班がどのような発表を行っていたかを共有する。

4. ふり返りを行う。

〜発表イメージ〜 2

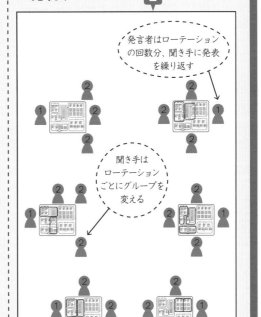

発言者はローテーションの回数分、聞き手に発表を繰り返す

聞き手はローテーションごとにグループを変える

3 他の班の発表内容を班内で共有する　〈10分〉

他の班の内容を共有しよう

1班はこんな観点と基準で分類していたよ

・聞き手には他者の発表を受けて、考えたことなどをなるべく多く発言させる。

4 数名が発表の様子を発言し、全員で振り返りをする　〈10分〉

観点を変えて分類した結果を比較してどのようなことが分かったかな

観点を変えるといろいろな視点で生物を観ることができるね

振り返り

・振り返りシートに記述させることで、学習内容を整理させる。

第9時
135

7 生物の体の共通点と相違点　14時間扱い

単元の目標

　身近な植物と動物の外部形態の観察を行い、その観察記録などに基づいて、植物と動物にいろいろな共通点や相違点があることを見いださせ、それぞれの体の基本的なつくりを理解させる。また、共通点や相違点に基づいて植物と動物がそれぞれ分類できることを見いだして理解させる。

評価規準

知識・技能	思考・判断・表現	主体的に学習に取り組む態度
いろいろな生物の共通点と相違点に着目しながら、植物の体の共通点と相違点、動物の体の共通点と相違点についての基本的な概念や原理・法則などを理解しているとともに、科学的に探究するために必要な観察、実験などに関する基本操作や記録などの基本的な技能を身に付けている。	生物の体の共通点と相違点についての観察、実験などを通して、いろいろな生物の共通点や相違点を見いだすとともに、生物を分類するための観点や基準を見いだして表現しているなど、科学的に探究している。	生物の体の共通点と相違点に関する事物・現象に進んで関わり、見通しをもったり振り返ったりするなど、科学的に探究しようとしている。

既習事項とのつながり

(1)小学校3年:「身の回りの生物」では、生物は色、形、大きさなど、姿に違いがあること、昆虫の育ち方や植物の育ち方には一定の順序があること、成虫の体は頭、胸および腹からできていること、植物の体は根、茎および葉からできていることを学習している。

(2)小学校4年:「人の体のつくりと運動」では、人の体には骨と筋肉があること、「季節と生物」では、動物の活動や植物の成長は、季節によって違いがあることを学習していること。

(3)小学校5年:「植物の発芽、成長、結実」では、花にはおしべやめしべなどがあり、花粉がめしべの先に付くとめしべのもとが実になり、実の中に種子ができること、植物は、種子の中の養分をもとにして発芽し、水、空気、温度が関係している、成長には日光や肥料などが関係していることを学習している。

(4)小学校6年:「人の体のつくりと働き」では、体のつくりと呼吸、消化、排出及び循環の働きを、「植物の養分と水の通り道」では、植物の養分と水の通り道について学習している。

指導のポイント

(1)本単元で働かせる見方・考え方

　本単元は、「生命」を柱とする内容のうち、「生物の体の共通点と相違点」に関わる領域である。「多様性・共通性」の見方を働かせながら、いろいろな生物を「比較する」ことによって共通点や相違点を見いださせ、それらを相互に「関係付け」ながら、特徴（分類する観点や基準）ごとになかま分け（分類）できることに気付くように指導する。また、分類するための観点を考えさせたり、基準を変えていろいろな分類を行わせたりしながら、観点や基準が変わると分類の結果が変わることがあることに気付かせるようにする。

⑵本単元における主体的・対話的で深い学び

　班ごとに話し合いを行いながら観察した結果を整理し分析させると、様々な見方や考え方ができ、分類するための観点を多く見いださせることができる。いろいろな生物を詳しく観察し、多面的に捉えることで、生物の特徴や不思議さ、尊さに気付き、生命現象について調べていく楽しさを味わいながら、生物に対する興味や関心をさらに高めることもできる。

指導計画（全14時間）

⑦ 植物の体の共通点と相違点（9時間）

時	主な学習活動	評価規準
1	[観察] 校内に咲いている花を観察し、花のつくりの特徴を調べる。	(知)
2	[観察] (共通性)(多様性)(比較) 花のつくりを観察し、共通するつくりがあることを見いだす。（被子植物）	思
3	[観察] (比較)(関係付け) 花のつくりや役割を考え、花から果実への変化を見いだす。	知
4 5	[観察] (共通性)(多様性) いろいろな被子植物の花のつくりを調べ、調べた結果を発表する。	態
6	[観察] (比較) マツの花を観察し、花のつくりの特徴を見いだす。（裸子植物）	知
7	[観察] (比較) 花が咲かない植物があることを知り、種子ではない殖え方があることを理解する。（シダ植物、コケ植物：胞子）	知
8	[観察] (比較) 「共通性・多様性」芽生えと根の様子を観察し、共通点や相違点を見いだす。	思
9	◀対話的な学び (共通性)(多様性) いろいろな植物を、共通線や相違点に基づいてなかま分けする。	(思)

⑦ 動物の体の共通点と相違点（5時間）

時	主な学習活動	評価規準
10	[観察] (比較)(共通性) 脊椎動物と無脊椎動物を観察し、共通点や相違点を見いだす。	知
11	◀対話的な学び (比較) 脊椎動物の5つのなかまの共通点や相違点を見いだす。	思
12	[観察] (比較) 哺乳類の肉食動物と草食動物の体のつくりの違いがあることを見いだす。	知
13	[観察] (比較) 無脊椎動物のなかまを観察し、その特徴を見いだす。	知
14	[振り返り] (共通性)(多様性) いろいろな動物のなかまを、特徴ごとに分類できることを理解する。	(思) 態

第①時

ツツジの花のつくりの観察

（本時のねらい）

・花のつくりを観察し、観察の技能を身に付け、花のつくりの特徴を理解することができる。

（本時の評価）

・花を分解し、形や数などの特徴を記録している。（知）

（準備するもの）

・ツツジの花
・ルーペ
・ピンセット
・セロハンテープ
・カッターナイフ
・カッターマット
・台紙

付録

課題

花はどのようなつくりをしているのだろうか。

復習 **1**
・植物は根、茎、葉からできている。
・花にはおしべ、めしべなどがある。

観察 **2**
ツツジの花を分解し、つくりを詳しく調べよう

〔方法〕
① 花全体をよく観察する。
② 花のつくりを外側から順番にていねいに分解する。
③ 紙にきれいに並べ、セロハンテープではりつける。
④ つくりの数や気づいたことを記録する。

※台紙にはる前に…
めしべやおしべの先端をルーペで観察しよう。めしべのふくらんだ部分を切り、ルーペで観察しよう。

（授業の流れ）▷▷▷

1 課題を確認する 〈3分〉

小学校では植物は根、茎、葉からできていることを学習しましたね
花にはおしべやめしべがありました

今日は、ツツジの花のつくりを分解しながら、詳しく調べよう

・小学校で学習したことを思い出させる。
・花は大きく観察しやすいものをクラスの人数分（＋予備として数個）用意する。

2 観察方法を知る 〈12分〉

ツツジの花のつくりを外側から分解して、観察しましょう
つくりごとに並べて、セロハンテープで貼ります

めしべは膨らんだ部分をカッターナイフで縦に切り、中の様子を観察します

・ルーペを用いての観察方法を説明する。
・カッターの扱いは十分注意させる。

〔注意〕
・カッターナイフを使うときには、けがに気をつける。

ツツジ

分解したつくりを並べて貼る操作を図で示したり、書画カメラで手元を写すとよい

結果 ❹

・がくは5枚
・花弁は1枚だが、先が5つに分かれている
・おしべは10本
・めしべは1本

＜ルーペで観察して気付いたこと＞
・めしべのふくらんだ部分の中には、小さな粒が入っている。
・めしべの先はしめっていて、花粉がついていた。
・おしべの先の袋から花粉があふれ出ていた。

3 ツツジの花を観察する 〈25分〉

テープで貼っておくと、あとからも確認できるね

めしべの先端とおしべの先端の様子は全く違うわ

めしべの根もとの（膨らんだ）部分の中には小さな粒があるわ

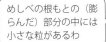
観察

・分解操作は1ステップずつ皆で確認しながら、進めていってもよい。
・時間がかかっている生徒の補助をする。

4 観察結果をクラス全体で共有する 〈10分〉

ツツジの花のつくりはどのようになっていましたか？

めしべ、おしべ、花弁、がくの順についていました　他の人のツツジも、つくりの数は同じでした

・観察結果と気付いたことをまとめる。
・おしべの数は個体差があることがある。

第②時

離弁花の花のつくりの観察

本時のねらい
・アブラナとエンドウの花のつくりを観察し、前時のツツジの花と比較し、共通点を見いだすことができる。

本時の評価
・花の基本的なつくりを理解し、共通点を見いだしている。思

準備するもの
・離弁花（アブラナとエンドウ）の花
・双眼実体顕微鏡・ルーペ・ピンセット
・セロハンテープ・カッターナイフ
・カッターマット・台紙

年　組　番　氏名

●ツツジの花のつくりの観察

| 課題 | ツツジの花を分解し、つくりを詳しく調べよう |

方法
① 花全体をよく観察する。
② 花のつくりを外側から順番にていねいに取る。
③ つくりの数や気づいたことを記録する。
注意！　カッターナイフでけがをしないようにする。

結果　観察した花　（　アブラナ　）・　エンドウ　）
①花を分解して分かったこと

	がく	花弁	花弁の付き方	おしべ	めしべ
アブラナ	4	4	1枚ずつ離れている	6	1
エンドウ	5	5	1枚ずつ離れている	10	1
ツツジ	5	1(5)	つながっているが、先端が分かれている	10	1

②観察して気づいたこと
・めしべのふくらんだ部分の中には小さな粒が入っている。
・めしべの先端は湿っている。
・おしべの先端の袋には花粉が入っている。
・おしべは短いものが2本、長いものが4本ある。

考察
①3つの花の共通点は何か
・中心から めしべ、おしべ、花弁、がく の順になっている。
・めしべのふくらんだ部分の中には小さな粒が入っている。
・めしべは1本で、おしべはめしべよりも多い。
・めしべの先端は湿っていたり、ブラシ状で花粉がつきやすくなっている。

②アブラナとエンドウの花の共通点は何か
・花弁が1枚1枚離れている。

授業の流れ ▷▷▷

1　課題を確認する　〈3分〉

前回はツツジを分解して花のつくりを調べましたね。
今日はアブラナとエンドウの花のつくりを調べましょう

ツツジの花との共通点はあるのかな？

・前回、観察したことを思い出させ、見通しをもたせる。
・アブラナとエンドウの花を分担して観察させる。
・エンドウが手に入りにくい場合は他のマメ科の植物の花を用いるとよい。

2　観察方法を知る　〈7分〉

花を外側からていねいに分解しましょう

ツツジよりも花が小さいので、双眼実体顕微鏡やルーペで観察します

アブラナ、エンドウ、前回のツツジのつくりや数を比べながら観察しましょう

・双眼実体顕微鏡の使い方を確認する。
・カッターナイフの扱いは十分注意させる。
・観察するときの着目点（共通点、相違点）を明確にしておくとよい。

どの花も同じつくりをしているのだろうか。

課題 | アブラナとエンドウの花を分解し、つくりを詳しく調べよう。

結果

	がく	花弁の数	花弁のつき方	おしべ	めしべ
アブラナ	4	4	1枚ずつ離れている	6	1
エンドウ	5	5	1枚ずつ離れている	10	1
ツツジ	5	1(5)	つながっているが、先端が分かれている	10	1

表の枠はあらかじめ黒板に書いておくとよい

考察

①3つの花の共通点
・どの花も、中心から、めしべ、おしべ、花弁、がくの順になっている。
・めしべのふくらんだ部分の中には小さな粒が入っている。
・めしべの先端は（しめっていたり、ブラシのようになっていて）花粉がつきやすくなっている。
・おしべの先端の袋には花粉が入っている。

②アブラナとエンドウの花の共通点
・花弁が1枚ずつ離れている。

---

3 花を観察する 〈25分〉

エンドウの花弁も1枚ずつ分かれていて、大きさは3種類あるよ

アブラナの花弁は1枚ずつ分かれているよ

観察
・時間がかかっている生徒の補助をする。
・気付いたことをワークシートに記録させる。

4 観察結果をクラス全体で共有し、ツツジ、アブラナ、エンドウを比較する 〈15分〉

3つの花に共通点はありましたか？

どの花もつくりの順序は一緒でした

おしべ、めしべの特徴はどれも同じだと思います

共通性　多様性　比較

・3つの花に共通点に注目させ、花の基本的なつくりの共通点を見いださせる。

第③時

花と果実

本時のねらい
・花のつくりを理解することができる。
・受粉後、花から果実へ変化することを理解することができる。

本時の評価
・被子植物の花のつくりを理解している。知

準備するもの
・エンドウの花を分解した図または写真
・エンドウの果実（サヤエンドウやスナップエンドウなど）

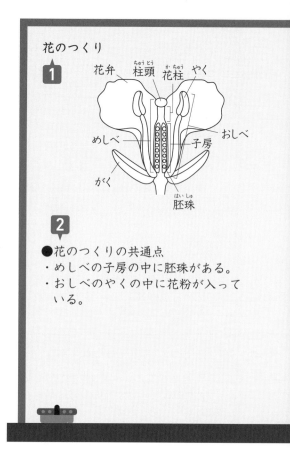

1 前時までの観察について振り返り、花のつくりをまとめる〈10分〉

花のつくりをまとめましょう

めしべの中にあった小さな粒は「胚珠」って言うのね！

他の花でも形はちがうけれど、アブラナと共通するつくりがあったなあ

・前回、観察（学習）したことを思い出させ、アブラナの花を例としてまとめる。

2 花のつくりの共通点を考える〈10分〉

花のつくりにはどんな共通点があるでしょうか

子房の中には胚珠があります

・各つくりの位置と名称を確認し、それぞれの役割を考えさせる。

3

課題 受粉後に花はどのように変化するのだろうか。

サヤエンドウに花の名残を探してみよう。

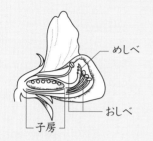
めしべ
おしべ
子房

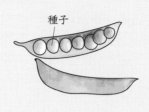
種子

がく
果実

4 結果

・サヤエンドウの形は、めしべの形と似ていた。
・さやの先端はめしべの柱頭と似ていた。
・がくには、枯れたおしべや花弁があった。
・さやを開くと、豆（種子）のつき方が子房の中の胚珠のつき方と同じだった。

まとめ めしべの胚珠は種子に、子房は果実へと変化する。

3 果実を観察する 〈20分〉

果実を観察して、花のつくりと比べてみましょう

果実の先端に何かついているぞ

柱頭の名残じゃないかしら

観察 比較 関連付け

・サヤエンドウは生徒の人数分用意できるとよい。
・気付いたことをノートに記録させる。

4 観察結果をクラス全体で共有し、花の変化をまとめる 〈10分〉

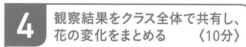

花と果実の関係をまとめましょう

果実の先端には柱頭のあとがあったので、めしべが変化したと思います

他の野菜や果物にも花の名残を探してみましょう

・観察結果を根拠に花から果実への変化を説明させる。
・サヤエンドウ以外の野菜や果実でも調べさせてもよい。

第④⑤時
いろいろな花のつくり

ワークシート 付録

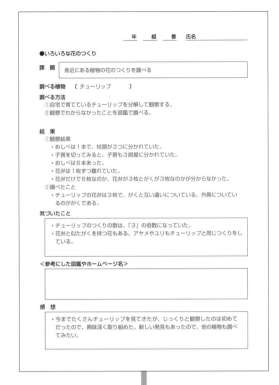

本時のねらい
・花のつくりは多様であることに気が付くことができる。

本時の評価
・いろいろな植物の花のつくりを調べようとしている。態

準備するもの
・植物図鑑
・インターネット検索ができるパソコンやタブレット
・ルーペ
・双眼実体顕微鏡
・ピンセット

授業の流れ ▷▷▷

1 課題を把握する 〈5分〉

興味のある植物の花のつくりを調べてみましょう

ヒマワリの花を詳しく調べたいな

イネの花にも花弁はあるのかな？

・多様な植物の世界にはいろいろな花があることを紹介し、興味をもたせる。

2 調べる植物と調べ方を考える 〈10分〉

ヒマワリの花はまだ咲いていないから図鑑で調べようかな

私は正門付近に咲いていたツユクサを観察してみよう

イネの花は手に入らないので、インターネットで調べてみよう

・植物図鑑やインターネットなどを準備できるとよい。
・身近な植物を持ち寄らせて、実際に観察してもよい。

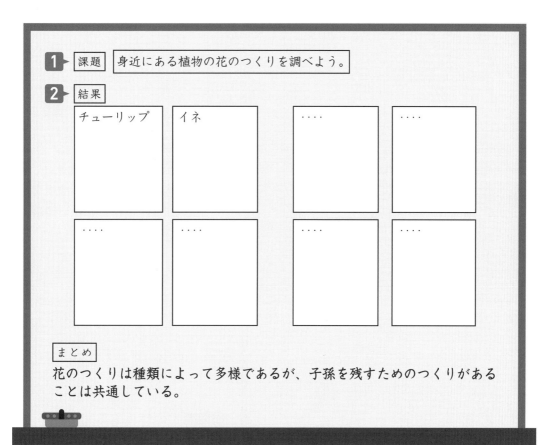

1 課題 身近にある植物の花のつくりを調べよう。

2 結果

チューリップ	イネ	．．．．	．．．．

| ．．．． | ．．．． | | |

まとめ

花のつくりは種類によって多様であるが、子孫を残すためのつくりがあることは共通している。

3 いろいろな花のつくりを調べる 〈35分〉

ヒマワリも小さな花がたくさん集まっているのね

イネには花弁はないけれど、めしべ、おしべはあるんだ

・調査結果をまとめるのは、自宅での課題にすることも考えられる。

4 [第5時] 調べた結果を発表し合い、共有する 〈50分〉

調べた結果をまとめて、みんなに紹介しましょう

私はイネの花について調べました…

共通性 多様性

・一人ずつ発表する時間が確保できない場合は、グループ内だけ紹介し合う活動にしてもよい。

第 ⑥ 時

マツの花のつくり

本時のねらい

・マツの雌花と雄花を観察し、被子植物との相違点を見いだすことができる。

本時の評価

・マツにも花が咲き、受粉して種子をつくることを理解している。知

準備するもの

・マツの雌花、雄花、マツカサ、種子
・ルーペ・双眼実体顕微鏡
・書画カメラ・TV モニター
・マツの模式図（ポスター）
・ピンセット

課題 | 裸子植物の特徴を理解しよう。

マツの花のつくりの観察 1

1　マツのつくり
・雄花：花粉
・雌花：鱗片
・マツカサ：種子

2

書画カメラで映す

授業の流れ ▷▷▷

1 課題と観察の方法を確認する〈5分〉

> マツの花のつくりを、ルーペと双眼実体顕微を使って観察します

・マツには花が咲くか生徒にたずねる。
・ルーペの使い方、双眼実体顕微鏡の使い方を確認させる。

2 マツのつくりを確認する〈5分〉

> マツにも雌花と雄花が咲き、果実と種子がつくられるよ

・マツの雌花、雄花、マツカサ、種子のでき方を説明する。
・雌花や雄花の観察の方法（ピンセットで分解する）を説明する。

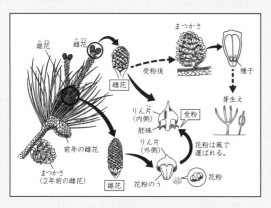

2 マツの花のつくり
　①雄花：ルーペで観察
　②花粉：双眼実体顕微鏡で観察
　③雌花：双眼実体顕微鏡で観察

4

気づいたこと

・めしべ、おしべ、花弁、がくはない。
・雄花には花粉（やく）がある。
・雌花には胚珠が見られる。

まとめ

・マツには胚珠がある。
・子房はない。胚珠はむき出し。
＊裸子植物という。
・裸子植物も花が咲き、受粉して種子をつくる。（種子植物）

3 マツの雌花と雄花を観察する 〈30分〉

雄花には黄色い小さな粒がたくさん付いているね

雌花には小さいふくらみが2つ付いているよ

観察

・雌花と雄花の両方を観察できるよう時間配分に注意させる。
・気付いたことをノートに記録させる。
・観察の仕方が分からない生徒に、適宜アドバイスを行う。

4 気付いたことをまとめ、発表する 〈10分〉

マツの花には、めしべやおしべ、花弁、がくがありません

比較

・被子植物との違いに注目させる。
・被子植物との共通点を考えさせる。
・裸子植物の花のつくりをまとめる。

第⑦時

花が咲かない植物

（本時のねらい）
・花が咲かない植物のなかまの殖やし方を理解
　することができる。

（本時の評価）
・シダやコケ植物は花が咲かず種子をつくらな
　いことを理解している。知

（準備するもの）
・書画カメラ・モニター
・模式図
・シダ植物・コケ植物
・ルーペ・双眼実体顕微鏡

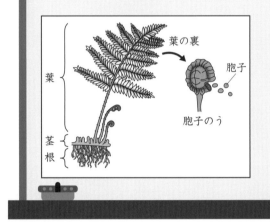

1．シダ植物の特徴　1
・花がない。根、茎、葉がある。
・日影に生息する。
・葉の裏に胞子のうがある。
・胞子を飛ばす。

葉の裏
胞子
胞子のう
葉
茎
根

（授業の流れ）▷▷▷

| 1 | シダ植物の特徴を知る　〈5分〉 |

校舎の裏側にシダが
生息しています

シダは花が咲き
ますか

・校内のどこにシダがあるか、花が咲くかを生徒に
　たずねる。
・シダの特徴を、図や書画カメラを使って説明する。

| 2 | コケ植物の特徴を知る　〈5分〉 |

日かげにコケが生息します

コケは花が
咲きますか

・校内のどこにコケがあるか、花が咲くかを生徒に
　たずねる。
・コケの特徴を、図や書画カメラを使って説明する。

課題

花が咲かない植物はどのようになかまをふやすのだろうか。

2．コケ植物の特徴 2
・日がげで湿った所に生息する。
・花がない。根、茎、葉がない。
・雄株と雌株があり、雌株には胞子
　がつくられる。

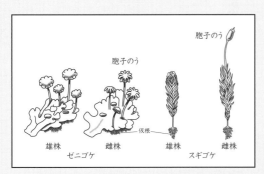

胞子のう

胞子のう

仮根

雄株　　　雌株　　　雄株　　　雌株
　　ゼニゴケ　　　　　　スギゴケ

3．シダとコケの胞子の観察 3
　＊双眼実体顕微鏡

気づいたこと：考えたこと 4

・胞子のうがはじけて胞子を飛ば
　す。
・シダには地下茎があり、根が出て、
　新しい個体が出てくる。
・コケには、雄株と雌株に分かれる。
・日影で湿った場所に生息するのは
　なぜか。

まとめ：シダ植物とコケ植物

・花が咲かず、種子はつくらない。
・胞子をつくってなかまをふやす。

モニターに映す

---

3 シダとコケの胞子を、双眼実体顕微鏡を使って観察する〈30分〉

シダの葉の裏に付いている
ものが動いて何か飛ばした

コケの雌株には黄色いもの
がたくさん付いている

観察

・シダとコケの胞子の両方を観察できるよう時間配
　分に注意させる。
・観察の仕方が分からない生徒に、適宜アドバイス
　を行う。
・気付いたことをノートに記録させる。

4 気付いたことを発表し、シダ植物と
コケ植物の特徴をまとめる　〈10分〉

シダもコケも花が咲か
ず、胞子をつくります

比較

・種子植物との違いに注目させ、なかまの殖やし方
　を考えさせる。
・花が咲かない植物の共通の特徴をまとめる。

第⑧時

芽生えと根のつくりの様子

（本時のねらい）
・芽生えの様子や根の様子の共通点と相違点を見いだすことができる。

（本時の評価）
・根の様子の観察から、共通点や相違点を見いだしている。思

（準備するもの）
・校内の雑草の根（スズメノカタビラ、ハルジオン）・タンポポとネギの種子の発芽
　ルーペ・書画カメラ・TV モニター

〔課題〕　①
芽生えや根のようすの共通点と相違点を見つけよう。

1　芽生えのようす　②
・タンポポ
　芽生えは双葉（子葉が2枚）

```
図
```

・ネギ
　芽生えは単子葉（子葉が1枚）

```
図
```

2　根のようす　③
・スズメノカタビラ
・ネギ　　　　　　　　　　　　　　　　図を掲示する
・ハルジオン
・タンポポ

（授業の流れ）▷▷▷

1 本時の課題と観察の仕方を
知る　　　　　　　　〈5分〉

芽生えの様子と根の様子の違いを観察し、共通点と相違点を見つけましょう

・タンポポとネギの種子をシャーレの中で発芽させておく。
・校内にある雑草を根から抜き、きれいに洗っておく。

2 タンポポの種子とネギの種子の
芽生えを観察する　　〈10分〉

タンポポの種子からは双葉が出ている
根も出ている

〔観察〕
・タンポポとネギの種子の芽生えを、ルーペを使って観察させる。
・タンポポの根とネギの根を準備しておく。

気づいたこと・分かったこと　◀4

・根の表面には細かい毛のようなものがある。（根毛）
・タンポポとハルジオンは、主根と側根がある。
・スズメノカタビラとネギは、ひげ根である。

まとめ
・単子葉類：子葉が1枚、ひげ根
・双子葉類：子葉が2枚、
　　　　　　主根と側根

＊補足：葉脈の形状

---

3 スズメノカタビラとハルジオンの根を観察する　〈15分〉

根の表面には毛のような根がついているね

根のつくりが違うね。スズメノカタビラはネギの根に似ている

観察
・2つの植物の根の共通点と相違点について考えさせる。
・観察の仕方がわからない生徒に、適宜アドバイスを行う。

4 芽生えと根の様子の観察から気付いたことをまとめ、発表する〈20分〉

2つの植物の根のつき方は違うね

ハルジオンとタンポポは、根の様子が似ていますタンポポの芽生えは双葉です

比較　共通性　多様性
・双子葉類と単子葉類の2つに分類できることを説明する。
・根の表面に根毛が生えており表面積を大きくなることを説明する。
・葉脈には平行脈と網状脈があることに触れる。

第⑨時

植物のなかま分け・分類

本時のねらい
・いろいろな植物を、その共通点と相違点に基づいて分類することができる。

本時の評価
・身近な植物の共通点と相違点に見いだし、分類するための観点や基準を見いだして表現している。（思）

準備するもの
・植物カード
・カラーペン
・磁石
・付せん

校内の植物のなかま分け

観点1 ［花が咲くかどうか］ ◀ 3

咲く

タンポポ	ハルジオン	シロツメクサ	アカマツ
ドクダミ	ムラサキハナナ
ソメイヨシノ	スズメノカタビラ

咲かない

| コケ | シダ |

観点2 ［花弁があるかどうか］

ある

| タンポポ | ハルジオン |
| ムラサキハナナ | ソメイヨシノ | シロツメクサ |

ない

| アカマツ | ドクダミ | スズメノカタビラ |

観点3 ［　　　　　　　　　　　　　　］

授業の流れ ▷▷▷

1 校内に生育している植物の種類を挙げる 〈5分〉

> 校内で観察できた植物の名前をあげてみよう

・校内で観察した植物名のカードを用意しておき、生徒から出てきた植物のカードを黒板に貼る。
・用意した植物以外は、カードに書き込んで、黒板に貼る。

2 植物をなかま分けするための観点をあげる 〈5分〉

> 花が咲くものと咲かないもので分けることができるね

> 花の色や形で分けることもできます

・今までの授業で学習したことを思い出させながら、なかま分けの観点を挙げさせる。
・分類の例を全員の前で示す。例として、ベン図に当てはめてみる。

課題	校内の植物をなかま分けしよう。

1．観察できた植物（カード） **1**

タンポポ	ハルジオン	シロツメクサ	アカマツ

ドクダミ	ムラサキハナナ	コケ	ソメイヨシノ

スズメノカタビラ	シダ

2

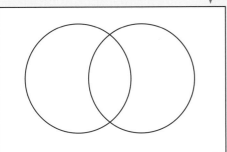

2．分類の観点 **2**

例：日かげで育つか日なたで育つか。
・花が咲くか咲かないか。
・種子ができるか胞子ができるか。
・花弁があるかないか。
・単子葉類、双子葉類。
・ひげ根か主根と側根か。
・木か草か。
・春に花が咲くか。

---

3 植物をなかま分けする 〈25分〉

葉脈の形状で、分類できるんじゃない

2つの植物の根の付き方は違うね

◤ 対話的な学び ┊ 共通性 ┊ 多様性 ┊

・配付した付せんに植物名を記入させ、分類を行わせる。
・班ごとに話し合いをさせ、それぞれの基準ごとに分類させる。
・なるべく多くの観点で分類させる。

4 いろいろな分類の仕方を発表させ、クラス内で共有する 〈10分〉

種子をつくるか胞子をつくるかで分類しました

生息する場所で分類できます

・観点や基準が変わると、分類の仕方が変わることを理解させる。
・多くの班の考えを共有させる。
・分類の観点や基準は、たくさんあることを理解させる。

第⑩時
動物の体のつくり

（本時のねらい）
・身近な動物は、背骨の有無で分類できることを理解することができる。

（本時の評価）
・動物は背骨の有無で脊椎動物と無脊椎動物に分類できることを理解している。知

（準備するもの）
・煮干し（カタクチイワシ）
・シバエビ
・ペトリ皿
・ピンセット
・ルーペ
・双眼実体顕微鏡

（ワークシート）

　　　　　　　　　　　　　　年　組　番　氏名

●動物の体のつくり

課題
　動物はどのような体の特徴で分類できるのだろうか？

予測
　・動くためのつくりで分類できる
　・食べるためのつくりで分類できる

結果

		カタクチイワシ	シバエビ
外部のつくり	共通点	・目がある ・口がある ・しっぽがある	
	相違点	・ひれがある ・えらぶたがある	・平たいあしがたくさんある ・長いひげがある
内部のつくり	共通点	・筋肉がある ・腸がある	
	相違点	・硬い骨がある ・背骨がある	・骨ではなく殻がある

・その他に気がついたこと
　背骨も殻も、硬いけど細かいパーツがたくさんつながっているので柔らかく動かすことができる。

まとめ
　動物は、背骨のある「脊椎動物」と背骨のない「無脊椎動物」に分けられる。

（授業の流れ）▷▷▷

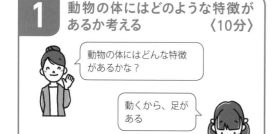

1 動物の体にはどのような特徴があるか考える　〈10分〉

動物の体にはどんな特徴があるかな？

動くから、足がある

ものを食べるから、口がある

・生徒が知っている動物について、どのような特徴があるか尋ねる。
・「移動するための器官がある」「口がある」など動物の体の特徴に置き換えて考えさせるようにする。
・様々な動物の写真を提示してもよい。

2 イワシとエビの外部のつくりを観察する　〈15分〉

分解する前に外部のつくりをよく見てみよう

共通点と相違点を書き出してみよう

観察
・外部形態に注目させ、体のつくりの共通点や相違点を考えるようにさせる。
・記録用紙にスケッチさせたり、言葉で説明を書いて記録させる。
・試料をペトリ皿に乗せたまま、ルーペや実体顕微鏡を用いて観察させる。

課題 動物はどのような体の特徴で分類できるのだろうか。

〈観察のポイント〉体の形やつくりの共通点や相違点に注目しよう。

1．共通点
・目がある。
・食べ物をとって吸収するための口や腸がある。
・移動するつくり（足、ひれ、尾、筋肉）がある。

2．相違点
・背骨（脊椎骨）がある・ない
・殻（外骨格）がある・ない
・うろこがある・ない
・足やひれの数　など

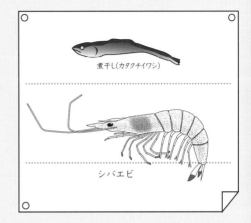

煮干し(カタクチイワシ)

シバエビ

まとめ
　動物は、背骨のある「脊椎動物」と背骨のない「無脊椎動物」に分けられる。

---

3 イワシとエビの内部のつくりを観察する 〈15分〉

イワシには背骨があるね

エビには背骨はないけど殻があるね

イワシにもエビにも腸があるね

観察

・イワシは、ピンセットで腹部を開いて、内臓や背骨をよく観察させる。
・エビは、頭胸部と腹部を左右に引っ張って外すと観察できる。
・どのように体を動かしているかを考えさせる。

---

4 脊椎動物と無脊椎動物の体の特徴をまとめる 〈10分〉

動物は背骨のあるなしで脊椎動物と無脊椎動物に分けられるんだね

ヒトも背骨があるから、ヒトはイワシと同じ脊椎動物だね

比較 共通性

・記録用紙に観察のまとめをしながら、班で気付いたことを話し合わせる。
・いくつかの班に発表させ、共通点や相違点をクラス全体で共有化する。
・最後に脊椎動物と無脊椎動物について、本時のまとめを行う。

第⑪時

脊椎動物の5つのなかま の特徴

本時のねらい
・脊椎動物の5つのなかまがもつ体の特徴を考えてグループ分けすることができる。

本時の評価
・様々な脊椎動物の共通点や相違点を見いだしている。思

準備するもの
・様々な脊椎動物の写真やイラストのカード
・グループごとの台紙
・付せん

ワークシート　　　　　　　　　付録

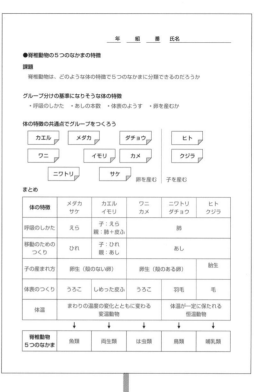

授業の流れ ▷▷▷

1 脊椎動物の体の特徴を考える 〈10分〉

たくさんの脊椎動物を、体の特徴でグループ分けするとしたら、どんな特徴で分けられるかな？

・10種類ほどの脊椎動物の写真やイラストを描いたカードを各班に用意する。
・黒板やスライドで脊椎動物の写真を提示し、各班には生物名を書いた付せんを用意するとよい。
・生徒にグループ分けの観点となる動物の体の特徴を挙げさせ、板書にメモしていく。

2 体の特徴の共通点でグループをつくる 〈15分〉

生活場所が陸上か水中かでグループ分けしてみよう

体の特徴だから、呼吸の仕方で考えた方がいいんじゃない？

比較 ◀ 対話的な学び

・1つの特徴に注目させ、どのようにグループ分けができるかを考えさせる。
・脊椎動物のカードや付せんを動かしながら、分け方を各班で考える。
・生活場所など体の特徴以外の観点が出たら、体の特徴に置き換えて考えさせる。

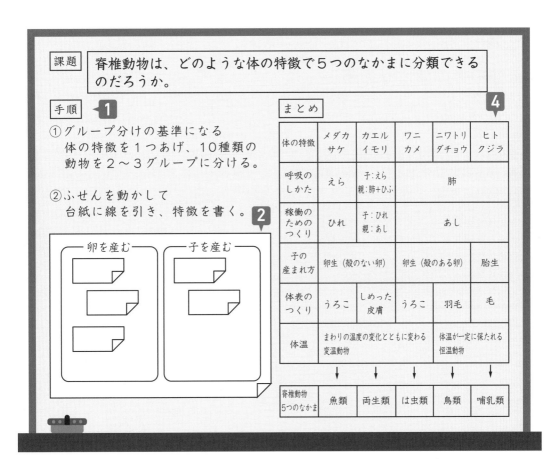

課題 脊椎動物は、どのような体の特徴で5つのなかまに分類できるのだろうか。

手順 **1**

①グループ分けの基準になる体の特徴を1つあげ、10種類の動物を2～3グループに分ける。

②ふせんを動かして台紙に線を引き、特徴を書く。 **2**

卵を産む　子を産む

まとめ **4**

体の特徴	メダカ サケ	カエル イモリ	ワニ カメ	ニワトリ ダチョウ	ヒト クジラ
呼吸のしかた	えら	子:えら 親:肺+ひふ	肺		
稼働のためのつくり	ひれ	子:ひれ 親:あし	あし		
子の産まれ方	卵生（殻のない卵）		卵生（殻のある卵）		胎生
体表のつくり	うろこ	しめった皮膚	うろこ	羽毛	毛
体温	まわりの温度の変化とともに変わる 変温動物			体温が一定に保たれる 恒温動物	
脊椎動物 5つのなかま	魚類	両生類	は虫類	鳥類	哺乳類

3 グループ分けした結果を発表する 〈10分〉

呼吸の仕方で3つのグループに分けてみました

4 脊椎動物の5つのなかまを整理する 〈15分〉

みんなで考えたグループ分けを一覧表にまとめてみよう

・いくつかの班に発表させ、クラスで共有する。
・呼吸の仕方、移動のためのつくりなど、グループ分けの観点を各班で分担して発表させてもよい。
・各班で一覧表の作成まで進めて、それを発表させてもよい。

・子の産まれ方については、卵生・胎生を押さえておく。
・生徒が発表した結果を基に、脊椎動物の5つのなかまの体の特徴について、一覧表にまとめる。
・図など見やすい形にまとめてもよい。

第⑫時

哺乳類の体のつくりの違い

（本時のねらい）

・哺乳類は、えさのとり方によって体のつくりに違いがあることを理解することができる。

（本時の評価）

・哺乳類はえさのとり方によって歯の形や目の付き方など体のつくりが異なることを理解している。知

（準備するもの）

・様々な哺乳類の写真
・図鑑
・骨格標本（ビーバー・コヨーテなど）
・ワークシート

ワークシート　　　付録

（授業の流れ）▷▷▷

| **1** | いろいろな哺乳類の体のつくりの違いについて考える　〈10分〉 |

いろいろな哺乳類を見てみよう。体のつくりはどこが違うかな？

顔の形や、あしの形が違うかな？

・哺乳類を例にして動物の体がえさのとり方や生活に合ったつくりをしていることを理解させる。
・導入として、様々な動物の映像や写真を提示して、体のつくりの相違点に着目させる。

| **2** | 骨格標本や図鑑を見て哺乳類の体のつくりを比較する　〈15分〉 |

ライオンとシマウマだと体の形や歯の形が違うね

歯の形はどうしてこんなに違うんだろう？

観察　（比較）

・図鑑などの資料を用いて歯や目、あしなどに注目させ、比較をさせる。
・歯は門歯、犬歯、臼歯をそれぞれ示す。
・骨格標本教材があれば、生徒に示して歯の違いを考えさせる。

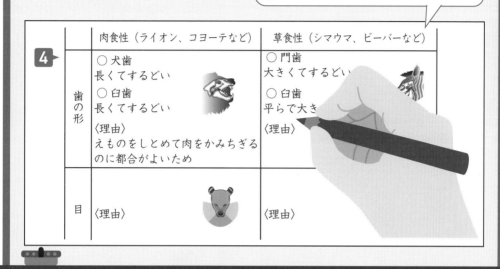

課題 哺乳類の体のつくりはえさのとり方によってどのように異なるのだろうか。

〈観察のポイント〉 **1**
・歯…門歯・犬歯・臼歯を比べよう。
・目…頭のどこについているか。
・つめ…形や本数

> プリントに記入するところを、書画カメラでプロジェクターや大型モニターに映す

4	肉食性（ライオン、コヨーテなど）	草食性（シマウマ、ビーバーなど）
歯の形	○犬歯 長くてするどい ○臼歯 長くてするどい 〈理由〉 えものをしとめて肉をかみちぎるのに都合がよいため	○門歯 大きくてするどい ○臼歯 平らで大き 〈理由〉
目	〈理由〉	〈理由〉

---

3 ワークシートに話し合った結果や気付いたことを記入する 〈10分〉

> シマウマの臼歯が平らなのは、草をすりつぶすためかな？

・話し合った結果や気付いたことなどをワークシートに記入させる。
・数名に発表させて、体のつくりの相違点をクラス全体で共有する。

4 哺乳類のえさのとり方による体のつくりの違いをまとめる 〈15分〉

> 動物の体はそれぞれのえさのとり方や生活に合ったつくりをしています

・生徒の発表を基に、内容をまとめる。
・ライオンとシマウマだけでなく、ネコやイヌ、ウサギなど他の哺乳類も合わせて比較すると肉食性と草食性のつくりの違いを一般化しやすい。

第⑬時

無脊椎動物のなかま

本時のねらい
・無脊椎動物のなかまを観察し、その特徴を見いだして理解することができる。

本時の評価
・節足動物や軟体動物の特徴を理解している。
知

準備するもの
・無脊椎動物の写真や映像・生きている節足動物（アリ、ダンゴムシなど）
・アサリ
・ペトリ皿・ピンセット
・スプーン・書画カメラ
・プロジェクター

付録

無脊椎動物＝背骨がない動物　❶
　→どのように体を動かしている？

1　節足動物のなかま
…昆虫類（アリなど）
　甲殻類（エビ、ダンゴムシなど）
　クモ、ムカデなど
・体やあしに節がたくさんある。
・外骨格をもつ、脱皮する。

2　軟体動物のなかま
…アサリ、イカ、タコなど
・骨や節がないあしを動かす。
・内臓が外とう膜に包まれている。

3　その他の無脊椎動物
…ミミズ、ウニ、クラゲなど

授業の流れ ▷▷▷

1 無脊椎動物の体の特徴について振り返る　〈5分〉

　無脊椎動物はどんな動物だったかな？

　背骨がない動物のことです

　無脊椎動物はどうやって体を動かしているのかな？

・様々な無脊椎動物の写真を提示して、どのような体の特徴があるか考えさせる。
・動物全体のうち、95%以上の種は無脊椎動物であることにも触れると興味をもたせることができる。

2 節足動物や軟体動物の外部のつくりをプロジェクターなどで見る〈20分〉

　節足動物の外部のつくりをよく見てみよう

　どのような体のつくりをしているかな？

観察

・生きている試料をチャック付きポリ袋や蓋のあるペトリ皿に入れて、大きく拡大して映すとよい。
・アサリは40℃程度のお湯につけて殻が少し開いたらスプーンをさして貝柱を切る。
・アサリより大きいホンビノスガイを用い、グループごとの観察にしてもよい。

2

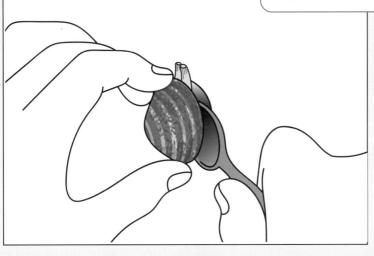

書画カメラで手元のようすをプロジェクターや大型モニターを使って前に映す

---

3 特徴や気付いたこと、疑問などをプリントやノートに記入する 〈10分〉

アサリはどうやって砂に潜っているんだろう？

アサリはどうやってえさを食べているのかな？

・昆虫や甲殻類は、体に節がある節足動物のなかまであることを押さえる。

・貝のなかまやイカ、タコなどは外とう膜をもつ軟体動物であることを押さえる。

・生きているアサリが砂に潜る動画を見せると、あしや出水管を動かしている様子がよく分かる。

---

4 様々な無脊椎動物の体の特徴をまとめる 〈15分〉

節足動物は外骨格をもつので、脱皮して成長します

無脊椎動物には、たくさんの種類がいるんだね

比較

・気付いたことを発表させ、節足動物と軟体動物の体の特徴をクラス全体で共有化する。

・その他の無脊椎動物についても触れ、生物の多様性についても考えられる。

・生徒に知らない無脊椎動物の写真を見せて、何のなかまか考えさせてもよい。

第⑭時

動物の分類

本時のねらい

・動物の様々な特徴で検索表をつくり、動物を分類することができる。

本時の評価

・動物を分類するための観点や基準を見いだして表現している。(思)
・動物の分類に対する興味や関心をもち、検索表をつくろうとしている。態

準備するもの

・様々な動物の写真やイラストの生物カード
・台紙や小型ホワイトボード

課題 動物を分類するには、どの

2

1. 動物の検索表をつくる。

　背骨、卵を産む、

　卵の殻、肺、体表、節、外とう膜

　　　　　例) いいえ　　　　　はい
　　　　　　　└──卵を産む──┘

2. 次の動物を、検索表を使って分類してみよう。

イカ・エビ・イワシ・アサリ・カエル・トンボ・ヘビ・クジラ・コウモリ・ペンギン・ヒト・ミミズ

授業の流れ ▷▷▷

1 動物の体の特徴を復習する 〈5分〉

背骨の有無、子の産まれ方、体表の様子、節の有無、外とう膜などいろいろな体の特徴があったね?

振り返り

・これまでの学習内容を振り返り、分類の基準となる動物の体の特徴を生徒に聞きながら板書する。
・分類表は小型ホワイトボードや大きめの台紙に書かせる。
・写真やイラストを描いたカードや生物名を書いた付せんを各班に用意するとよい。

2 共通点や相違点を基に、動物の検索表をつくる 〈30分〉

はじめに何の特徴で分けると分かりやすいかな?

まず背骨のある・なしを分類の基準にしようよ

共通性　多様性

・どのような手順で分類させるとよいかをよく考えさせる。
・教師は机間巡視しながら生徒にアドバイスして回る。
・つくった検索表を使って、動物のカードを動かしながら、うまく分類できるか確認させる。

ような観点に着目するとよいだろうか。

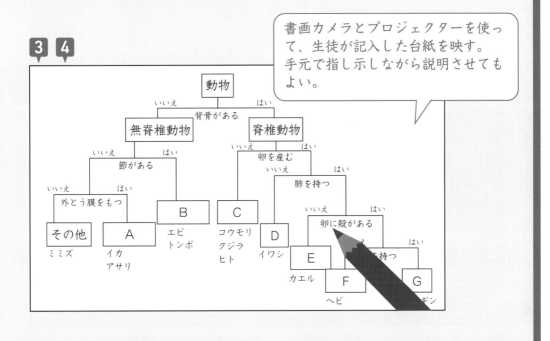

書画カメラとプロジェクターを使って、生徒が記入した台紙を映す。手元で指し示しながら説明させてもよい。

③④

動物
├ いいえ（背骨がある）はい
無脊椎動物　　　　　　脊椎動物
├ いいえ（節がある）はい　├ いいえ（卵を産む）はい
　　　　　　　　　　　　　　├ いいえ（肺を持つ）はい
├ いいえ（外とう膜をもつ）はい
その他　　A　　B（エビ・トンボ）　C（コウモリ・クジラ・ヒト）　D（イワシ）
ミミズ　　イカ・アサリ
├ いいえ（卵に殻がある）はい
　　　　　　E（カエル）
　　　　　　　　F（ヘビ）　　　　G（ペンギン）

---

3 つくった検索表を発表する 〈10分〉

私たちの班では、まず背骨の有無で動物を分けることにしました

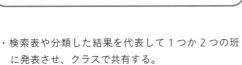

4 動物がどのなかまに
分類できるか考える 〈5分〉

みんなでつくった分類表を使って、これらの動物はどのなかまか考えよう

背骨がなくて、節があるから…

・検索表や分類した結果を代表して1つか2つの班に発表させ、クラスで共有する。
・ホワイトボードを黒板に貼ったり、書画カメラで大きく前に映したりするなどして、全体に見やすくするとよい。
・分類の仕方は、ベン図や樹状図などでもよい。
・分類する基準の順番が異なると検索表も変わることに気付かせる。

・動物の写真や映像をいくつか提示し、自分たちで作成した検索表にあてはめて分類させる。
・動物の体の特徴の共通点や相違点に着目しながら分類させるようにする。
・生物の観察記録を活用させる。
・時間に余裕があれば、生徒に動物の生活の仕方と体の特徴との関連についても考えさせるとよい。

大地の成り立ちと変化

大滝根山・斜面の結晶質石灰岩の露頭 　　　福島県田村市鍾乳洞「あぶくま洞」

> 本単元では、大地の成り立ちと変化についての観察、実験などを行い、地層や火山、地震について理解させるとともに、それらの観察、実験などに関する技能を身に付けさせ、思考力、判断力、表現力等を育成することがねらいである。
>
> そのためには大地の成り立ちと変化について、問題を見いだし見通しをもって実験観察を行い、身近な地形に合わせて地形や地層、岩石などの観察の機会を設ける。なお、地層及びその構成物、火山、地震等の現象が互いに関連していることを捉えさせ、総合的にみることができるようにすることが重要である。

（ア）　身近な地形や地層、岩石の観察　全4時間
㋐身近な地形や地層、岩石の観察　4時間

次	時	主な学習活動	学習過程、見方・考え方、評価など
1	1	身近な地形から分かること	課題の設定　時間的
	2	観察 地層のつくりと働き	対話的な学び　時間的　空間的 記録 知
	3	観察 堆積岩の見分け方	対話的な学び　質的　比較　記録 思
	4	運搬された堆積物が堆積する場所	対話的な学び　時間的　空間的 記録 態

（イ）　地層の重なりと過去の様子　全5時間

㋐地層の重なりと過去の様子　5時間

次	時	主な学習活動	学習過程、見方・考え方、評価など
1	1	地層や化石から分かること	対話的な学び　時間的　空間的
	2	化石と地質年代	対話的な学び　時間的　空間的
	3	大地の変動	対話的な学び　時間的　空間的 記録 態
	4	身近な大地の歴史	関係付け　記録 知
	5	地層の広がり	時間的　記録 思

（ウ）　火山と地震　全9時間

㋐火山活動と火成岩　5時間

次	時	主な学習活動	学習過程、見方・考え方、評価など
1	1	火山の形	対話的な学び　関係付け
	2	観察 火山灰に含まれるもの	記録 知
	3	火山灰に含まれる鉱物	対話的な学び　記録 思
	4	観察 火山の活動と火成岩	対話的な学び　関係付け
	5	火山岩と深成岩のつくり	関係付け　記録 態

㋑地震の伝わり方と地球内部の働きについて　4時間

次	時	主な学習活動	学習過程、見方・考え方、評価など
2	6	地震の波の伝わり方	
	7	地震の波と規模	
	8	地震が起こるところ	対話的な学び　記録 思
	9	地震が起こる仕組み	記録 知

（エ）自然の恵みと火山災害・地震災害　全2時間

㋐自然の恵みと火山災害・地震災害　2時間

次	時	主な学習活動	学習過程、見方・考え方、評価など
1	1	自然の恵みと火山災害	自然事象に対する気付き　対話的な学び 記録 思
	2	自然の恵みと地震災害	考察・推論　対話的な学び　記録 知、態

8 身近な地形や地層、岩石の観察／ 地層の重なりと過去の様子 9時間扱い

単元の目標

　小学校の既習事項を想起して、地形や、その地形をつくる地層、岩石などを観察させることを通して問題を見いださせ、身近な土地の成り立ちや広がりを理解させ、その構成物の種類、粒の大きさや形などを調べるための観察器具の操作や記録の仕方などの技能を身に付けさせる。

　また、野外の観察記録などを基に、地層のでき方を考察して、地層の重なり方や広がり方についての規則性を見いだして理解させたり、地層を構成する岩石や産出する化石などから、地層が堆積した環境と生成された年代を推定できることを理解させたりする。

評価規準

知識・技能	思考・判断・表現	主体的に学習に取り組む態度
大地の成り立ちと変化を地表に見られる様々な事物・現象と関連付けながら、身近な地形や地層、岩石の観察、及び地層の重なりと過去の様子についての基本的な概念や原理・法則などを理解しているとともに、科学的に探究するために必要な観察、実験などに関する基本操作や記録などの基本的な技能を身に付けている。	身近な地形や地層、岩石の観察、及び地層の重なりと過去の様子について、問題を見いだし見通しをもって観察、実験などを行い、地層の重なり方や広がり方の規則性などを見いだして表現しているなど、科学的に探究している。	身近な地形や地層、岩石の観察、及び地層の重なりと過去の様子に関する事物・現象に進んで関わり、見通しをもったり振り返ったりするなど、科学的に探究しようとしている。

単元のねらい

　各学校の実態に応じて身近な地形や地層や露頭の観察、ボーリングコアや博物館の標本などを活用して地層の構成物の違いなどに気付かせ、地層の広がりなどについて問題を見いだし、学校内外の土地の成り立ちや広がり、構成物などについて理解させる。

既習事項とのつながり

⑴小学校4年：「雨水の行方と地面の様子」

　水は高い場所から低い場所へと流れて集まること。

　水のしみ込み方は、土の粒の大きさによって違いがあること。

⑵小学校5年：「流れる水の働きと土地の変化」

　流れる水には、土地を侵食したり、石や土などを運搬したり堆積させたりする働きがあること。

　川の上流と下流によって、川原の石の大きさや形に違いがあること。

　雨の降り方によって、流れる水の速さや量は変わり、増水により土地の様子が大きく変化する場合があること。

⑶小学校 6 年：「土地のつくりと変化」

　土地は、礫、砂、泥、火山灰などからできており、層をつくって広がっているものがあること。また、層には化石が含まれているものがあること。

　地層は、流れる水の働きや火山の噴火によってできること。

　土地は、火山の噴火や地震によって変化すること。

指導のポイント

⑴本単元で働かせる見方・考え方

　野外実習・観察の観察記録をもとに「関連付け」て考える。また地層の重なり方の規則性を扱う中で、主に地層のでき方を時間的な変化（時間的な視点）と関連付けて理解させる。また、地層が形成させるモデル実験などと関連付けて考察させる。

⑵本単元における主体的・対話的で深い学び

　野外実習・観察をして、実際の大地の変化を直接触れることこそ主体的な学びにつながる。しかし、地域の実態に応じて実習ができる場所がない場合は、岩石標本などを用いて本物に触れながら関係付ける学習を行っていく必要がある。また、モデル実験なども有効である。対話的な学びとして、時間的な変化を地層のでき方と関連付ける作業で身近で考えられることの意見を出し合う。最終的に私たちの身近な地域の地形がどのように形成されたのか考えることで深い学びが保障される。

指導計画（全 9 時間）

㋐ ㋐ 身近な地形や地層、岩石の観察（4 時間）

時	主な学習活動	評価規準
1	課題の設定　時間的 身近な地形から分かること	（知）
2	◀対話的な学び　時間的　空間的　観察 地層のつくりと働き	知
3	◀対話的な学び　質的　比較　観察 堆積岩の見分け方	（知）、思
4	◀対話的な学び　時間的　空間的 運搬された堆積物が堆積する場所	（知）、態

㋑ ㋐ 地層の重なりと過去の様子（5 時間）

時	主な学習活動	評価規準
1	◀対話的な学び　時間的　空間的 地層や化石から分かること	（知）
2	◀対話的な学び　時間的　空間的 化石と地質年代	（知）、（思）
3	◀対話的な学び　時間的　空間的 大地の変動	（知）、態
4	関係付け　身近な大地の歴史	知、（態）
5	時間的　地層の広がり	思、（態）

第①時

身近な地形から分かること

（本時のねらい）

・身近な地形の観察を通して、土地の成り立ちや広がりなどについて理解することができる。

（本時の評価）

・地層の広がりなどについての問題を見いだし、学校内外の土地の成り立ちや広がり、構成物などについて理解している。（知）

（準備するもの）

・学校周辺の地形図
・山、扇状地、川、河口、海が見られるようなイラスト
・ワークシート

付録

課題

身近な地形の観察を通して土地の成り立ちについて理解しよう。 **1**

観察 身近な地形や地層を観察しその特徴を記録しよう。地形について疑問に思ったことを書き出してみよう。

川が流れていて、蛇行している。 **2**
公園には高台がある。
駅名に「台」がついていることが多い。
学校の地名は羽沢。「沢」がついている。

（授業の流れ）▷▷▷

1 身近な地域の地形図から気付いたことを発表する〈10分〉

川が流れています

地域の特徴的な地形を調べてみましょう

山のある公園があります

校庭には粒の大きな礫がたくさん落ちています

（課題の設定）

・身近な地形について学校の屋上からの景色や地形図を見て、川や山などの地形や地層、また学校内やまわりの岩石などを調べる。
・３Ｄプリンターを利用して学校近辺の地形を立体的に表したものを活用したりすることができる。
・なぜこの地形ができるのか関係付けて問題を見いだせるように指導する。

2 記録した特徴について話し合う〈10分〉

学校の近くには川が流れています近くの坂道と関連付けるとどんなことが分かりますか

川がくねくねしながら流れています

坂は川に向かって下っています

・公園や坂道に注目して、坂の上と下で、近くの川の位置と比較する。
（著者の学校の最寄には、氷川台、平和台、桜台と台が付く駅が多くある。
「沢」とつくところには川が流れていた可能性が高い。

○ 特徴ある地形はどのようにできたか考えよう
・川ができたのはなぜだろう。
・川はどうして蛇行しているのだろう。
・この道はなぜ坂道になったのだろう。
・川に落ちている石はなぜ角がないものが
　多いのだろう。

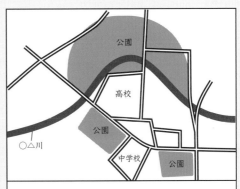

川が蛇行している。
ちょうど学校があるところで曲がっている。

○ 流水のはたらきによってできる地形

地形	流水のはたらき	場所
Ｖ字谷（川の上流）	侵食	なし
扇状地	堆積	この地域一帯
川の蛇行（中〜下）	侵食と堆積	○△川

【海岸段丘のできかた】

① 波打ち際は侵食が進む

② 土地が隆起し、段丘面が現れる

③ くり返しこの変動が起こると段々ができる。

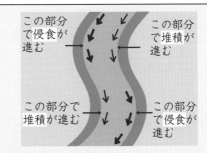

この部分で侵食が進む

この部分で堆積が進む

この部分で堆積が進む

この部分で侵食が進む

---

3 特徴のある地形について考える 〈20分〉

これはＶ字谷といいます。どのようにできたと考えられますか

川につながるから、流水の働きで、削られてできたのでは？

・Ｖ字谷・扇状地・川の蛇行・三角州などの写真・地形図・地図を見ながら、それぞれの地形が流水の働き（侵食作用・運搬作用・堆積作用）によって、どのようにできたか考えさせる。

・学校の近くに特殊な地形はないか散策したり、地図を眺めたりするといろいろと見つかる。

4 身の回りの地形について まとめる 〈10分〉

学んだことと身近な地域の地形が結び付くことや新たな疑問はありますか？

△△川が蛇行しているのも、侵食作用ですね

（時間的）

・ここで学習した地形のことを、地層の観察や校外学習などで活用できるとよい。

・地形は長い年月の間に変化することを理解させる。

第②時

地層のつくりと働き

本時のねらい

・流水の働き（侵食作用・運搬作用・堆積作用）によって大地が削られ、海底に堆積して地層をつくることを理解することができる。

本時の評価

・地層の広がりなどについての問題を見いだし、学校内外の土地の成り立ちや広がり、構成物などについて理解している。知

準備するもの

・ペットボトルに水と土砂を入れたもの
・上流の石、下流の石

付録

課題 1

大雨によって削られた岩石はどうなるだろうか。

風化…地表の岩石が気温の変化や水によってぼろぼろになること。
雨水や川などの水の流れによって
侵食…粒子によって大地が削られる。
運搬…土砂が流水によって運ばれる。
堆積…土砂が川底や海底に沈む。

2

観察 土砂の堆積のしかたを調べよう。

目的 土砂の堆積の規則性を理解する。

観察の視点 → 粒の大きさを確認する。
→ 粒の沈み方を調べる。

授業の流れ ▷▷▷

1 大雨が降ると山はどうなるか考え、流水の働きを考えさせる 〈10分〉

大雨が降ると山はどうなりますか

水がにごっていて運ばれる

水の流れで削られます

・地表の岩石は長い間に気温の変化や水によって風化し、砂や泥になることを説明する。
・小学校で学習した、川の水の働きについて復習する。
・流水の働きには侵食・運搬・堆積作用があることを確認する。

2 土砂の堆積を調べる観察を行う 〈10分〉

ペットボトルに粒の大きさの違う土砂を入れて振ると、どのように堆積すると思いますか

重たい大きな粒が上にたまると思う

観察

・ペットボトルの中の土砂の粒の大きさ・沈み方に注目させる。
・粒はペットボトルの横から見るとどのように沈んでいたか、記録用紙にスケッチさせる。
・細かい泥は堆積するまでに時間がかかるので、あらかじめ堆積し層ができたものも用意しておく。
※500mLだと砂れきの差が分かりにくいので2Lなど深いもので行う。

考察 **3**

・土砂の堆積…同じくらいの粒が水平に堆積する。
　大きい粒：はやく沈む。
　小さい粒：ゆっくり沈む。
・水の動きと粒の大きさ
　水の動きが近いところは大きな粒（れきと砂）
　少し離れたところには中くらいの粒（砂）
　水の動きの小さい沖は小さい粒（泥）

川の上流の写真（イラスト）→大きなれき、すこしとがった岩 ◀**4**
川の下流の写真（イラスト）→小さなれき、丸みを帯びた岩

＜川での堆積のようす＞
流れが急　　→運搬される
流れがゆるやか→堆積する
で水かさが増えるところ。

侵食された山間部、
平野部に大雨が降ったとき。
（山→平野）（平野→海）

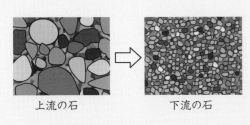

上流の石　　　　　　下流の石

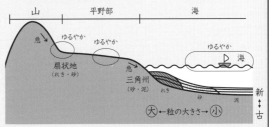

---

3 土砂の沈み方の考察を
発表する　　　　〈20分〉

初めに沈んだものはどんなものですか？
班で話し合ってみましょう

粒の大きいものが一番最初に沈んでいます

重たいから
速く沈むの
かな

粒の大きさ
がそろって
沈んでいま
す

対話的な学び

・粒の大きいものが速く沈み、小さいものがゆっく
　り沈む。
・同じくらいの粒が同じ時間に沈んでいることに気
　付かせる。

---

4 地層のでき方をまとめる 〈10分〉

海の中に運搬された土
砂は大雨が降るたび
に、礫、砂、泥の順に
堆積するね

大きいものはすぐに
沈むから岸に近いと
ころや上流に見られ
ます

細かいものはゆっくり沈む
から沖に流され、下流に見
られます

時間的　　空間的

・海では水の動きが大きい岸に近いところに粒の大
　きなものが、岸から離れた水の動きの穏やかなと
　ころに泥が堆積することを確認する。
・新しい堆積物が上になることを確認する。
・同じ場所でも、海水面の変化により、堆積するも
　のが変化することを説明する。

第 ③ 時

堆積岩の見分け方

課題

身近な岩石を見分ける方法を考え、
その方法で見分けてみよう。

❶

| れき岩 | 砂岩 | 泥岩 |

| 石灰岩 | チャート | 凝灰岩 |

写真を
掲示する

観察の視点→粒の大きさを確認する。
　　　　　→粒の形を調べる。

観察　堆積岩を分類しよう。　　　❷

目的　地層にふくまれる堆積岩の特徴
を調べ、その特徴からわかることをま
とめる。

本時のねらい

・地層を構成する堆積岩の種類を、粒の大きさ
や構成物の違いなどから気付き、見分けるこ
とができる。

本時の評価

・堆積岩の観察器具の基本的な扱い方や観察方
法と、観察記録の仕方を身に付けている。（知）
堆積岩の特徴の共通性と多様性について、見
通しをもって観察、実験を行っている。思

準備するもの

・堆積岩（れき岩、砂岩、泥岩、
石灰岩など写真も含む）
・うすい塩酸（5％）・ルーペ
・ペトリ皿・スポイト・くぎ
・岩石ハンマー、保護眼鏡
・電子黒板・パソコンなど

付録

授業の流れ ▷▷▷

1　堆積してきた岩石の写真や実物を見る　〈10分〉

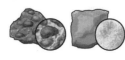

ここに運搬されて堆積
した岩石があります。
何を視点に見分ければ
よいですか

・前回の学習から、堆積したものが長い年月かけて
押し固められたものを堆積岩ということを説明す
る。その際、同じ種類の粒が堆積することにも気
付かせる。
観察の視点について考えさせるようにすることで、
何を意識して観察すべきか、見通しをもたせる。

2　岩石を見分ける方法を考え、話し合いまとめる　〈10分〉

堆積物には、生物の死骸や
火山灰が、侵食されずに直
接堆積したものもありま
す。このような場合はどん
な性質の粒になりますか

塩酸を
かける

火山灰は角
ばっていると
思う

対話的な学び　検証計画の立案

・粒の形や大きさで分類できないものもあることに
見た目から気付かせ、堆積物には生き物の死がい
や火山灰などもあることを説明する。
石灰岩は、サンゴや貝殻の成分が堆積することか
ら、うすい塩酸に反応すること、チャートについ
ては深い海でできることを説明し、どんな性質の
岩石になりそうか考えさせると、固い岩石になる
ことに気付かせることができる。

予想
・れき岩・砂岩・泥岩は粒の大きさで分類できる。
・凝灰岩は粒が角ばっている。
・石灰岩はうすい塩酸に反応する。
・チャートはハンマーでたたくと火花が散る。

方法 3

①ルーペで粒の大きさや形を観察する。
②堆積岩にうすい塩酸をかけて反応を見る。
③部屋を暗くし、保護メガネ、軍手をして岩石をたたき、火花が散るか、鉱物がはがれるか確認する。

4 結果　[電子黒板などに投影も可能]

堆積岩の種類	A	B	C	D	E	F
粒の大きさ	2mm以上	わからない	細かい	1mmくらいの粒が多い	様々ある	わからない
粒の形	丸みがある	わからない	わからない	丸みがある	角ばっている	わからない
塩素の反応		泡が発生				
ハンマーでたたく			すぐ割れる			火花が出る
その他			手にくっつく			
堆積岩の名前	れき岩	石灰岩	泥岩	砂岩	凝灰岩	チャート

実験後、生徒に発表させる

3　堆積岩を観察する　〈20分〉

ルーペで粒の大きさを見る	石灰岩に塩酸をかける	チャートをたたいて火花を見る

観察　（質的）

・ルーペの使い方を机間指導する。
・粒の大きさが分からないものは、泥岩・石灰岩・チャートになるが、塩酸をかけて泥岩とチャートに絞られた後に固さを調べさせる。その際に必ず保護眼鏡や軍手を着用して行うように指導する。
・チャートはケイ酸質の殻をもつ微生物の遺骸が深い海で堆積して押し固められたので、火花が散るほど固い。

4　観察結果を表にまとめ、まとめた内容から岩石を分類する〈10分〉

粒の大きさがわからなかった岩石は、塩酸をかけると気体が発生したので石灰岩だと思います

比較

・火山を扱わずに堆積岩を教える場合、凝灰岩に含まれる粒が角ばっているか生徒に気付かせることは難しい。れき岩などとは違って角ばっていて、違う堆積岩であるということの発表にとどめ、ここでは名前だけ伝え、次の単元で振り返って指導するのがよい。

第3時
173

第④時

運搬された堆積物が
堆積する場所

本時のねらい

- 粒の大きさや構成物の違いから、地層の堆積した環境を考察することができる。

本時の評価

- 地層の広がりなどについての問題を見いだし、学校内外の土地の成り立ちや広がり、構成物などについて理解している。（知）
- 大地の成り立ちと変化に関する事物・事象に進んで関わり、問題を見いだしたり見通しをもったりするなど、科学的に探究しようとしている。態

準備するもの

- 各種堆積岩

付録

1

課題

堆積岩ができる場所の環境について考えよう。

堆積岩…堆積物が長い年月をかけて押し固められてできた岩石

2

それぞれの堆積岩ができた環境について

予想

- ○ れき岩・・・
- ○ 砂岩・・・
- ○ 泥岩・・・
- ○ 石灰岩・・・
- ○ 凝灰岩・・・

3

班の発表内容

発表のホワイトボード

発表のホワイトボード

授業の流れ ▷▷▷

1 前回の観察からどのような場所で堆積したかを考える 〈5分〉

礫岩や砂岩のように、粒の違う堆積岩ができた場所の環境はどんなところでしょうか？

川の底や海の底だと思います

粒の大きさで流れの強さがわかると思います

- 地表の岩石は長い間に気温の変化や水によって風化し、侵食して削られて砂や泥になることを説明する。
- 小学校で学習した、川の水の働きについて復習する。
- 流水の働きには侵食・運搬・堆積作用があることを確認する。

2 れき岩、砂岩、泥岩や石灰岩ができた環境について考える 〈15分〉

粒の大きさがそろっている特徴から考えてみよう

れき岩は河口付近に堆積したのではないだろうか

泥が積もったのは沖合だと思う

対話的な学び

- 班でれき岩、砂岩、泥岩、石灰岩、凝灰岩についてできた当時の環境について、岩石の特徴から話し合わせて検討する。
- 環境については必要に応じてヒントを与える。例えば、凝灰岩は粒が角ばっていることから侵食されずに降り積もったことを連想させるなどして導き出す。

4

粒子の堆積作用でできた堆積岩（ふくまれる粒の大きさで分類）
　①れき岩（２mm以上）②砂岩（1/16〜2mm）③泥岩（1/16mm以下）
　＊ふくまれる粒は角がなく、丸みをもっている。

火山灰や軽石などの火山噴出物が堆積してできた堆積岩
　①凝灰岩
　＊角ばった粒がふくまれる。

生物の死骸（貝殻やけい藻）などが堆積してできた堆積岩
　①石灰岩（炭酸カルシウムが主成分）：塩酸に反応し二酸化炭素が発生
　　　　　　　　　　　　　　→貝殻の死がい＝浅い海で、そこまでかたくない。
　②チャート（二酸化ケイ素が主成分）：塩酸に反応しない。
　　　　　　　　　　　　　　→けい藻の死がい＝深い海で、とてもかたい。

3　話し合った結果を発表する〈10分〉

石灰岩が見つかったところは、貝殻などがたくさんいる浅い海だったのではないでしょうか

チャートは深い海だと思います。泥などの堆積物がないからです

4　運搬された堆積物が堆積する場所についてまとめる　〈20分〉

凝灰岩の粒に角がないのは、削られずに堆積するからですね。海の近くに火山があったのでしょう

（時間的）（空間的）

・環境についてポイントが押さえられるようにする。
・水の働きで運搬されたのか、風の働きなのか、意見が出ない場合にはヒントを与える。
・よい班を一つずつ選んで発表してもらうようにする。
・友達の気付きを聞いて、堆積物から何が分かるのか考えたことを書かせる。

・死骸がたまるまでの時間、降り積もり押し固められるまでの時間は、一朝一夕ではなく、果てしないほどの時間がかかって固められていることに気付かせる。
・「硬さ」や「生物が生きていた事実」から環境をさぐることができるように指導する。

第①時

地層や化石から分かること

本時のねらい
・産出した化石から地層が堆積した環境と生成された年代を推定できることに気付くことができる。

本時の評価
・地層の広がりなどについての問題を見いだし、学校内外の土地の成り立ちや広がり、構成物などについて理解している。（知）

準備するもの
・アンモナイトの化石
・巣穴・足跡・植物の化石（または写真）
・アンモナイトが生息していた環境に出てくる生物の化石カード

付録

課題
アンモナイトの化石が堆積した環境や生息していた時代について考えよう。 **1**

アンモナイトの生態について **4**

・生息している場所は？
・今は絶滅している
　⇒いつ頃まで生きていたか？
・温かいところか寒いところか？

2 アンモナイトが出てきた地層の情報を集める（ワークシート）
・恐竜の骨・魚の化石・貝殻の化石
（中生代・アンモナイトと同環境の生物）

授業の流れ ▷▷▷

1 アンモナイトの化石が出た環境について考える 〈5分〉

アンモナイトについて何も知りません。どんな情報が欲しいですか？

陸と海のどちらに生息していたのかな

いつ頃まで生きていたのだろう

・アンモナイトが過去の地球上に生息していた生物であることは知っていても、生態にまで詳しく知る生徒は少ない。生物単元で行った生物の観点を思い出し、どのような環境に住んでいたのか意見を出し合わせてみる。

2 アンモナイトが出てきた地層について情報を集める 〈25分〉

アンモナイトが出てきた砂の層にはほかにどんな化石があるかな？

魚の化石が見つかっています

恐竜の化石もあります

・アンモナイトが生息していた環境を知るために、同じ地層の他の化石に注目させる。
・その地層に落ちていると考えられる化石を集めて探させてもよいが、化石カードから考えさせるのもよい。
・水中か陸上かなど、恐竜の化石であれば、時代が特定できそうだということに気付かせる。

3 アンモナイトが生息していた環境や時代を推測する

・魚や貝殻の化石⇒水の中で生きていたのではないか。
・恐竜の化石⇒恐竜が生息していた時代に生きていたのではないか。

<地層と化石から分かること>
・恐竜の足跡（神竜町恐竜センター）
・生物の巣穴

巣穴の化石（軍艦島甲殻類）　　足跡の化石（軍艦島ゾウ類）　　植物の化石（シダの葉）

 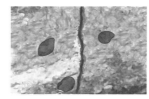 

○地層は下から上に降り積もるので、一番下が一番古い地層となる。
○化石は地層が堆積した当時の環境や時代を知る手がかりとなる。

---

3 話し合った結果を発表する〈10分〉

魚がいたということは、海の中で生息していた生き物だと考えられます

恐竜の化石が見つかったから、恐竜と同じ時代に生きていたと考えられます

〔対話的な学び〕
・発表では、アンモナイトが生息する環境や時代について考えられていることを押さえられるようにする。
・その化石がアンモナイトと同じ時代に生息していることに気付かせる。

4 地層と化石から分かることをまとめる〈10分〉

地層は下から上に降り積もるので、一般に一番下が一番古い地層と考えられます

〔時間的〕〔空間的〕
・地層は一番下にあるものが一番歴史としても古いということを理解させる。
・地層は一部にできているのではなく、その地域、都市全体にできているものであり、大規模な広がりであることも押さえておく。
・化石には足跡やすみかなど体の一部ではないもの（痕跡化石）もあることを説明する。

第②時

化石と地質年代

本時のねらい

・地層に含まれる化石を調べることによって堆積した当時の環境や堆積した年代を推定できることを理解することができる。

本時の評価

・地層の広がりなどについての問題を見いだし、学校内外の土地の成り立ちや広がり、構成物などについて理解している。（知）
・観察、実験の結果を分析して解釈し、地層の重なり方や広がり方の規則性を見いだして表現している。（思）

準備するもの

・示相化石、示準化石の見本または写真
・ルーペ

課題

化石ができた当時の環境や年代について考えよう。

シジミ　　　アサリ

示相化石…地層が堆積した当時の環境を推定するための化石
　今現在も生息していて、狭い範囲（限られた環境）に分布

環境：暖かい・寒い　浅い・深い
海（海水）・河口（汽水）

サンゴ・・・暖かくて浅い海
ホタテ・・・冷たい海
シジミ・・・湖や河口（汽水）
メタセコイヤ・イヌブナ・・・陸地・冷温帯

授業の流れ ▷▷▷

1 示相化石について話し合う〈10分〉

写真の化石の生物はどのような環境に住んでいるでしょうか？

アサリは海の生き物です

シジミは湖に生息しています

対話的な学び

・生物にはそれぞれ生育するために適した環境があることを理解する。
・地球の歴史の中でこれまでに何度か環境が大きく変化したことを理解できる。
・化石を調べることによって地層がどのような環境だったかが分かることに気付かせる。

2 示相化石についてまとめる〈20分〉

堆積した当時の環境が分かるのですね。学校にある化石からどんな環境だったことが分かるでしょうか

植物の化石なら、気候が分かりますね

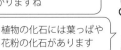

植物の化石には葉っぱや花粉の化石があります

・生物が生息できる環境についてまとめる。
・具体的な生物を挙げ、できれば本物の化石を見せられるようにする。
・学校にある化石から、どんな環境だったかが分かるか理解させる。
・狭い範囲＝限られた環境である。示準化石との対比の表現にしている。

示準化石…地層が堆積した年代（地質年代）を推定するための化石
　　　　　ある時期にだけ栄え、広い範囲に分布。

　　古生代（約5.4億年〜約2.5億年前）　フズリナ・サンヨウチュウなど
　　中生代（約2.5億年〜約6600慢年前）　アンモナイト・恐竜など
　　新生代（約6600慢年前〜現在）　　　ナウマンゾウ・メタセコイア・ビカリア

恐竜やナウマンゾウの化石と
化石を組み合わせて体全体を
表している写真

出典：「雛人形も五月人形も楽しむ♪フリー素材写真」

3 示準化石について話し合う 〈10分〉

示準化石とは、その地層が堆積した年代が分
かります。どのような生物なら示準化石にな
りますか？

恐竜のように
今は絶滅して
しまった生物
だと思います

（時間的）（空間的）

・地質年代（地層が堆積した年代）を決めるために
　化石を用いることを気付かせる。
・ある限られた年代に栄えた生物の化石であること
　に気付かせる。
・地球全体に生息していることも条件だが、どんな
　環境でも生きているわけではない。

4 化石の定義や役割について まとめる 〈10分〉

化石には時代を特定でき
る示準化石とその当時の
環境が分かる示相化石が
あります

・生物の進化の研究に化石の役割が大きいことを説
　明すると、興味・関心を高めることができる。
・恐竜やナウマンゾウなど、見つかった化石を組み
　合わせたり、実際の皮膚などの色は分かっていな
　いことなど、化石から表現できることとできない
　ことなどを説明するのもよい。

第③時

大地の変動

本時のねらい
・山頂に地層が見られるのは、地球内部の大きな力によって起こることを理解することができる。

本時の評価
・地層の広がりなどについての問題を見いだし、学校内外の土地の成り立ちや広がり、構成物などについて理解している。（知）
・地層の重なりと過去の様子に関わる事物・現象に進んで関わり、見通しをもったり振り返ったりするなど、科学的に探究しようとしている。態

準備するもの
付録
・エベレストイエローバンドの写真
・アンモナイトの写真
・化石（レプリカ）
・地層のモデル・付せん（4色）

課題

ヒマラヤ山脈から見つかる化石からわかることについて考えよう。

| ヒマラヤ山脈 イエローバンド | アンモナイト |

写真を掲示する

ヒマラヤ山脈に石灰岩の地層やアンモナイトの化石がある。
→海底が上昇＝隆起

授業の流れ ▷▷▷

1 課題を知る 〈5分〉

世界最高峰のエベレスト山の写真を見て何か気付くことはありませんか？

地層が見られます

アンモナイトの化石が見つかっていて、石灰岩の層があります

・エベレストの山頂付近に地層があることに気付かせる。
・エベレストのまわりの山にも地層があり、つながっていたことを考えさせる。
・黄色の地層（イエローバンド）が石灰岩の地層であることを説明する。

2 ヒマラヤ山脈の成因について考える 〈10分〉

なぜ石灰岩の地層やアンモナイトの化石が見つかるのかな？考えてみましょう

海水面がここまで上がってきたと思います

海底に堆積した地層が持ち上がったと思います

対話的な学び
・「海水面が山頂付近まであった」「海底であったところが、何らかの働きによって盛り上がった」などの考えが出てくるとよい。
・山頂付近でとれた化石から、どんな環境だったかが分かることを理解させる。

３

しゅう曲・・・地層が長い年月の間に押し曲げられてしまったもの
断層・・・地層が大きな力を受けずれてしまったもの

← 圧縮の力
← 伸長の力

縦ずれ断層　正断層　　　　縦ずれ断層　逆断層 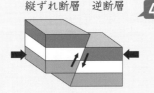 ４

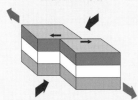  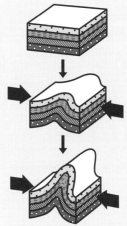

左横ずれ断層　　　　　　右横ずれ断層

太い矢印は力のはたらいた
方向を示す。

---

 3 褶曲した地層と断層について
考える　　　　　　〈15分〉

次の山に見られる褶曲やずれた
地層はどのように形成されたと
思いますか？

地層が押されたり曲がったり、
ずれてしまったのかな

（時間的）（空間的）

・褶曲した地層の写真などを見ながら、どのように
　できたのかを考えさせる。
・褶曲や断層をつくる大きな力とプレートの動きを
　関連させて説明する。
・断層のでき方については、地震との関連性も含め
　て考えさせる。

 4 大地の変動と地層の変化
についてまとめる　　〈20分〉

折れ曲がった地層を褶曲、地層がずれた
ものを断層といいます

 インド大陸がユーラシア大陸と衝突
してヒマラヤ山脈ができたのです

付せんを使って表現してみると、こ
うなります

・大きな力が長い年月をかけてゆっくり働き、褶曲
　したり、大きな地震によって断層ができたりする
　ことを説明する。
・断層には力の働く向きによって、正断層になった
　り逆断層になったりすることを説明する。
・付せんを使って、表現してみせるとよい。

第④時

大地の歴史

本時のねらい
・身近な地域の地形や地層、岩石などの観察
し、進んで調べることができる。

本時の評価
・地形や地層、岩石の観察器具の基本的な扱い
方や観察方法と、観察記録の仕方を身に付け
ている。知
・地層の重なりと過去の様子に関わる事物・現
象に進んで関わり、見通しをもったり振り
返ったりするなど、科学的に探究しようとし
ている。（態）

準備するもの
付録

・ボーリング資料・露頭の写真
・ハンマー・シャベル・軍手
・巻尺・地形図・方位磁針
・クリノメーター・ルーペ
・サンプルを入れる小瓶や袋

露頭の写真と柱状図
柱状図

 れきの層

 砂の層

泥の層

火山灰の層

授業の流れ ▷▷▷

1 周囲の地形や地層全体の様子
を観察する 〈15分〉

写真の地層をスケッチして、
地層全体を構成している層に
ついて考えましょう

地層は水平になっています

色が異なっていてたくさん
の層ができています

2 それぞれの層を観察する 〈15分〉

層の厚さ、色、含まれる粒の大きさ
など特徴を記録しましょう

層の厚さがそれぞれで異なって
います

粒の大きさがわからないも
のと大きいものと集まり方
が層で違います

・近くに露頭がない場合には写真を見せ、それぞれ
の層の特徴についてスケッチをさせる。その際に
ボーリング試料なども掲示する。また、校外学習
など学校生活と関連のある場所のものを使うよう
にし、生徒に興味・関心をもたせるようにする。
・近くに露頭がある場合には、あらかじめ地層を観
察しておき、危険防止や安全面などについて事前
指導をしておく。

・地層が見にくい場合は表面を少し削って観察する
と分かりやすくなる。
・写真はそれぞれの層を拡大して、班ごとに配付し
て観察させる。
・スケールを使って層の厚さを測るとよい。粒の大
きさや重なり方から地層ができたときの様子を考
えさせる。

柱状図・・・地層の重なりを模式的に表したもの
ボーリング資料・・・地下の地層を採取したもの

3

地層を観察して気が付いたこと

・茶色〜白色の層が多く見られた。
・火山灰の層が見られた。
・固い層とやわらかい層があった。
・礫・砂・泥の層が順番に並んでいた。
・砂の層からビカリアの化石が見つかった。

ボーリング資料の例

4

考察 地層を観察してわかったこと

・下から礫・砂・泥の層が積み重なっている。水のはたらきで堆積したと考えると、浅い場所で堆積していたが、だんだん海が深くなっていったのではないか。
・火山灰の層が2つ見られたことから、過去に2回火山が噴火したと考えられる。
・一番下の小石の層からビカリアの化石が見つかったことから、新生代に堆積したと考えられる。

---

3 特徴のある層を詳しく観察する 〈10分〉

火山灰の層では、他の地層の構成している粒との違いについて考えてみましょう

粒が角ばっています

キラキラしたものがあります鉱物ですね

関係付け

・粒の大きさと関連付けて地層が堆積した当時の環境を推定させる。
・火山灰の層は粒の形や鉱物の光沢などと関連付けて、火山が噴火した環境を見いださせる。実際の観察ができない場合は写真でもよいので掲示する。
・化石が見つけられるとよい。その際、生物のすみかや足跡なども化石であることを説明しておく。

4 地層から分かることをまとめる 〈10分〉

火山灰の層が2つあったことから、過去に近くの火山が2回噴火したと考えられます

下の層から礫、砂、泥の層になっていましただんだん深い海になっていたと考えられます

関係付け

・地層の粒の色や大きさ、含まれている化石などはスケッチだけでなく、「気付いたこと」に記録するようにする。
・それぞれの地層がどのようなところで堆積するのかを考えられるように、机間指導しながらヒントを与える。
・地層の観察を行った感想や反省も書くように指示する。

第⑤時

地層の広がり

（**本時のねらい**）

・離れた地点のいくつかの地層が同じ時代に堆積してできたことを理解することができる。

（**本時の評価**）

・観察、実験の結果を分析して解釈し、地層の重なり方や広がり方の規則性を見いだして表現している。思

・地層の重なりと過去の様子にかかわる事物・現象に進んで関わり、見通しをもったり振り返ったりするなど、科学的に探究しようとしている。（態）

（**準備するもの**）

・露頭の写真（あれば）
・地形図と柱状図
※イラストでもよい

付録

課題

はなれた場所にある地層が堆積した環境からわかることは何だろうか。

露頭の写真と柱状図

2

砂と泥の層　砂層　れき層　泥層　凝灰岩の層

（**授業の流れ**）▷▷▷

1 露頭 ABCD で観察した地層の柱状図を見て考える　〈10分〉

地層の柱状図を見て、どんな特徴があるか発表しましょう

火山灰の層があることから過去に火山が噴火しています

地層は水平になっています

・露頭の柱状図がすべて水平になっていることを確認する。

・大きな変化がない限り、新しい地層は上に、古い地層は下にあることを確認する。

2 この土地の地層全体の柱状図を完成させる　〈15分〉

柱状図を見比べることでわかることはありますか

AとCのがけから同じ厚さの火山灰の層が見られます

BとC、BとDの上下に同じ標高で同じ地層が見られます

・柱状図では同じ標高の地層を観察して比較しながら考える。

・鍵層となる火山灰の層である凝灰岩の層の位置や高さを確認する。

・複数の地点の柱状図を使うと地層の広がりが分かることを説明する。

3

地層からどんなことがわかるか。

①地層は水平になっていて、境目がはっきりしている。
②れき、砂、泥、火山灰などの堆積物から堆積した場所や火山の噴火などを推定できる。

＊柱状図を使うと、地層の広がりや重なり方を調べ対比できる。

鍵層：化石のふくまれる層は地層のつながりを知る手がかりになる。

4

地層の重なり

・地層をつくる堆積物の粒の大きさや重なり方、地層にふくまれる化石などを調べて、時間の順に並べたり、流水のはたらきを意識して地形の成因を考えたりすることで、その地域の大地の歴史を理解できる。

200m
C
190m
A 185m
175m
D
165m
B
155m

3 地層から分かることを話し合う 〈15分〉

Ｘ山とＹ山の同じ標高からは同じ地層が見られます

Ｘ山とＹ山の間に川が流れているのは、侵食したからだ

Ｘ山とＹ山は昔ひとつの山だったんだ

（時間的）

・A～Dのつながりに気が付けたら、次はなぜ川ができたのかについて考えさせる。
・また、堆積岩の種類の積み重なり方によって、その土地が当時どんな状態だったのか考察させるとよい。

4 地層の重なりについて
分かることをまとめる 〈10分〉

地層は各地点でそれぞれ同じ順序に堆積していることから、地層は広がりをもって堆積をしています

地球全体で考えるときにもこの広がりを利用すると、過去の地球の大地の歴史を解き明かすことができます

・地層の観察によって、地層を構成する堆積物の粒の大きさや含まれる化石によって過去の様子が分かることを説明する。
・凝灰岩の1つ下の化石から上に向かって、「れき、凝灰、砂、泥」の順に堆積している。このことから、どのような変動があったか考えさせる。
・海面が上昇している間に火山の噴火が見られたと考えられる。

9 火山と地震／自然の恵みと火山災害・地震災害 〔11時間扱い〕

単元の目標

　地球内部の働きに起因する最も身近な事物・現象として火山及び地震を取り上げ、地下のマグマの性質と関連付けて理解させる。また、地震の原因を地球内部の働きと関連付けて理解させるとともに、地震に伴う土地の変化を理解させる。

　自然がもたらす様々な恵み及び火山災害と地震災害を調べさせ、それらを「火山と地震」の学習を踏まえて理解させる。

評価規準

知識・技能	思考・判断・表現	主体的に学習に取り組む態度
大地の成り立ちと変化を地表に見られる様々な事物・現象と関連付けながら、火山活動と火成岩、地震の伝わり方と地球内部の働き、及び自然の恵みと火山災害・地震災害についての基本的な概念や原理・法則などを理解しているとともに、科学的に探究するために必要な観察、実験などに関する基本操作や記録などの基本的な技能を身に付けている。	火山と地震、及び自然の恵みと火山災害・地震災害について、問題を見いだし見通しをもって観察、実験などを行い、地下のマグマの性質と火山の形との関係性などを見いだして表現しているなど、科学的に探究している。	火山と地震、及び自然の恵みと火山災害・地震災害に関する事物・現象に進んで関わり、見通しをもったり振り返ったりするなど、科学的に探究しようとしている。

既習事項とのつながり

(1)小学校6年：「土地のつくりと変化」では、土地は火山の噴火によって変化することについて学習している。また、土地は地震によって変化することについて学習している。

指導のポイント

(1)本単元で働かせる見方・考え方

　野外実習・観察の観察記録をもとに「関連付け」て考える。また、そのときにマグマの粘り気や色、硬さなどを「質的」な見方で関係付けて考察させる。地震の発生する位置とプレートの境界面の位置で空間的に捉えて理解させる。

(2)本単元における主体的・対話的で深い学び

　日本は、火山及び地震の恵みがあって生活する環境を得ていること、また災害によって命の危機に脅かされることが表裏一体となっている土地である。この事実を早期に理解させ、主体的に火山及び地震について考えさせるようにしたい。対話的な学びとして、質的な見方と空間的な見方で多面的に考察させ、意見を出し合う中で考えを深めさせたい。

(ウ)⑦ 火山活動と火成岩（5 時間）

時	主な学習活動	評価規準
1	◀対話的な学び 〔関連付け〕火山の形	（知）（思）
2	観察 火山灰に含まれるもの	知
3	◀対話的な学び 火山灰に含まれる鉱物	思
4	◀対話的な学び 〔関係付け〕 観察 火山の活動と火成岩	（知）（思）
5	〔関係付け〕火山岩と深成岩のつくり	（思）態

(ウ)⑦ 地震の伝わり方と地球内部の働きについて（4 時間）

時	主な学習活動	評価規準
6	実習「地震の波の伝わり方」	（知）
7	地震の波と規模	（知）
8	◀対話的な学び 地震が起こるところ	思
9	地震が起こる仕組み	知

(エ)⑦ 自然の恵みと火山災害・地震災害（2 時間）

時	主な学習活動	評価規準
1	自然事象に対する気付き ◀対話的な学び 自然の恵みと火山災害	（知）思
2	考察・推論 ◀対話的な学び 自然の恵みと地震災害	知、態

第①時

火山の形

付録

課題

火山の違いについて説明しよう。

●噴火のようすを映像で見よう。

授業の流れ ▷▷▷

1 火山の活動の様子を見る〈10分〉

夜の大島の噴火の様子です

溶岩がいきおいよく流れていますね

・大島、桜島、雲仙、キラウエアなどの映像資料を視聴する。溶岩流や火砕流、降灰の様子なども取り上げる。
・火山の形や噴火の様子の違いを挙げさせる。授業のはじめに富士山の形を描かせてから展開するとよい。

2 粘りの違いと火山モデルの形を予想する〈15分〉

溶岩に見たてた水の量が多い方のホットケーキミックスはどんな形になるでしょう

今度はうすく広がりそうです

・ホットケーキミックスに水の量を変え、粘りに違いをもたせた2種類のモデルを作り、コップの中でかきまぜて、粘り気の強弱を把握させる。
・ケチャップやマヨネーズの空容器にそれぞれ詰めて、穴をあけた厚紙の上へしぼり出したときの形を予想させる（生徒実験としてもよい）。

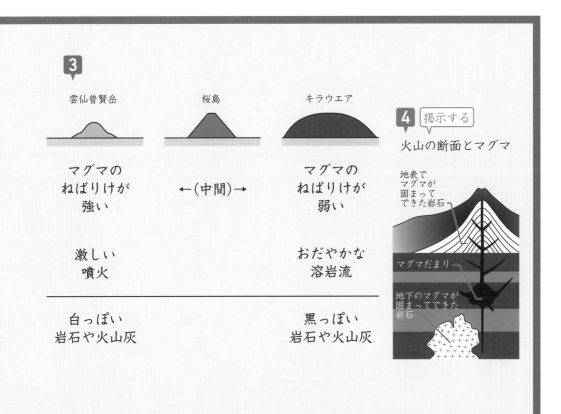

3

雲仙普賢岳	桜島	キラウエア
マグマの ねばりけが 強い	←（中間）→	マグマの ねばりけが 弱い
激しい 噴火		おだやかな 溶岩流
白っぽい 岩石や火山灰		黒っぽい 岩石や火山灰

4 掲示する

火山の断面とマグマ

地表で
マグマが
固まって
できた岩石

マグマだまり

地下のマグマが
固まってできた
岩石

---

3 演示した後、粘り気と火山の形を関連付ける 〈15分〉

粘り気が強いほうが広がらず盛り上がりました

対話的な学び　関係付け

・班ごとに話し合いの時間を設定してまとめさせる。
・数班に発表させる。

4 火山の形について資料を使ってまとめる 〈10分〉

粘り気が強いと激しい噴火になります

うすく溶岩が広がると激しい噴火にならないようです

・マグマの粘り気や噴火の様子などについてまとめていく。
・マグマが冷えて「火成岩」ができるが、地表付近と地下深くとでは異なる岩石ができることを伝えておく（後の授業展開で必要となる）。

第②時

火山灰に含まれるもの

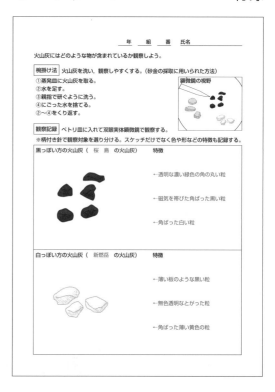

本時のねらい

・火山噴出物のうち火山灰の観察を通し、双眼実体顕微鏡の扱いや観察記録の取り方を身に付けることができる。

本時の評価

・双眼実体顕微鏡で火山灰を観察し、その特徴を記録している。知

準備するもの

・火山噴出物（溶岩、火山弾、軽石など）
・2種類以上の異なる火山灰（桜島、新燃岳、阿蘇山など）
・蒸発皿
・ペトリ皿
・柄付き針
・双眼実体顕微鏡

授業の流れ ▷▷▷

1 火山噴出物の実物を観察する 〈10分〉

・火山から噴出するものについて挙げさせる。火山ガスについては、嗅いだ経験を発言させ、固まった溶岩、火山弾、軽石、火山灰などは実物に触れさせる。

2 火山灰について調べる
準備をする 〈10分〉

・班ごとに「椀掛け法」により鉱物を取り出す。蒸発皿（椀）に火山灰をとり、水を足して、親指で研ぐようにして、浮いた濁りを水ごと捨てることを繰り返す。
・2種類の火山灰を班で分担して扱う。

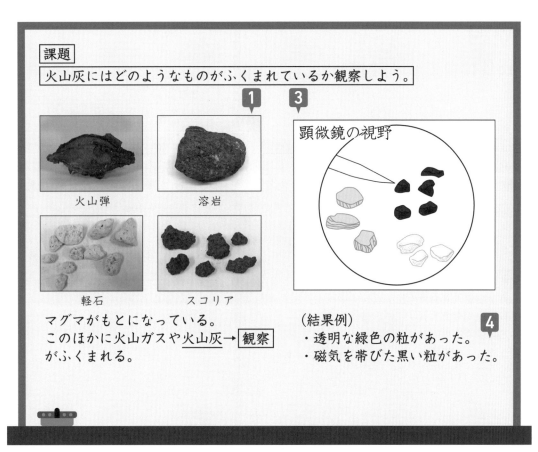

課題
火山灰にはどのようなものがふくまれているか観察しよう。

1　3

顕微鏡の視野

火山弾　　　溶岩

軽石　　　スコリア

マグマがもとになっている。
このほかに火山ガスや<u>火山灰</u>→ 観察
がふくまれる。

（結果例）　　　　　　　4
・透明な緑色の粒があった。
・磁気を帯びた黒い粒があった。

「火山弾」の画像提供：群馬大学教育学部

3　火山灰を観察する　　〈10分〉

同じ種類の粒を集めていくつ
かのグループをつくってみま
しょう

観察

・ペトリ皿に鉱物粒子を残し、双眼実体顕微鏡で観
　察する。
・枝付き針を使い、同じ鉱物をより分ける。
・自分の分担ではない種類の火山灰も相互に観察し
　合う。

4　観察した鉱物をスケッチし、色や形
　　などについて記入しておく　〈20分〉

こっちの火山灰には透明な緑
色の粒がいくつかあった

針についた黒
い粒があった

・スケッチの時間を確保する。
・鉱物の特徴についてメモを取る。
・5種類の鉱物に分けられるとしたら、5種類とも
　記録する。

第③時

火山灰に含まれる鉱物

（本時のねらい）
・火山灰の観察結果から、含まれる鉱物の特徴を知り、火山の形との関係性を見いだすことができる。

（本時の評価）
・観察した鉱物の特徴をまとめ、火山の形との関係性を見いだしている。思

（準備するもの）
・観察した袋入りの火山灰 2 種
・各班の観察後のペトリ皿の写真
・7 種類の鉱物の写真
・氷・湯・プラ水槽
・ビーカー・ミョウバンまたはハイポ

課題
火山灰にふくまれる鉱物の特徴を発表しよう。

| 1 班のペトリ皿の拡大写真 | 2 班のペトリ皿の拡大写真 |
| 3 班のペトリ皿の拡大写真 | 4 班のペトリ皿の拡大写真 |

（授業の流れ）▷▷▷

1 前回の観察結果について意見を出し合う 〈15分〉

ガラスのような無色のものがありました

〇〇山の火山灰が黒っぽく見えるのは…

対話的な学び
・「火山灰全体」と「含まれる物一粒一粒」に着目して考える。
・前回より分けた鉱物について（ペトリ皿ごと残すか、写真を撮っておく）特徴を挙げる。
・袋に入った 2 種類の火山灰を掲げ、どちらがどの山のものか問う。根拠を書かせ、黒っぽい火山灰には黒っぽい鉱物を多く含むことを思い出させる。

2 5 種類の代表的な鉱物について特徴を発表する 〈15分〉

この粒はガラスのように透明な緑色でした

カンラン石といい、カンランとは実はオリーブのことです

石英や長石と異なり、有色鉱物です

・ここでは有色鉱物といった名称も学ぶことになるが、インターネットで鉱物について調べ、まとめ上げる展開としてもよい。
※石英、長石、黒雲母、カンラン石、磁鉄鉱の 5 種類

（石英）	（長石）	（黒雲母）	（角閃石）	（輝石）	（カンラン石）	（磁鉄鉱）
						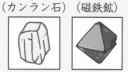
不規則 無色 透明	柱状 白色 うす桃色	六角板状 黒色 うすく はがれる	長い柱状 暗緑色	短い柱状 暗緑色	角が丸い 緑色 透明	不規則 （三角の面） 黒色 磁気

③

無色鉱物　　　　　　　有色鉱物

火山の形と火山灰の色（結果例）
・マグマのねばりけの弱い火山の
　火山灰には黒っぽい鉱物が多い。
・マグマのねばりけの強い火山の
　火山灰には白っぽい鉱物が多い。

④

氷水で急速に冷やす

湯でゆっくり冷やす

---

3 鉱物について資料を使って
まとめる　　　　　〈5分〉

この写真は黒雲母だね
黒く板状でうすくはがれる…

4 冷やす時間の違いによる結晶の
大きさを観察する　　〈15分〉

氷水で急速に冷やす　　湯でゆっくり冷やす

・火山灰に含まれる主な鉱物7種について、班ごとに確認しながら、各自プリント（7種の写真のみ掲載しておく）にまとめていく。

・ミョウバンかハイポで演示して見せる。時間があれば生徒実験としてもよいが「ゆっくり冷やすことで結晶が大きくなっていく」様子を観察できればよい。急冷する方法は氷水や冷やした金属トレイを用いる。
・大きさの異なる結晶のでき方について簡潔にメモをとって終える。

第 ④ 時

火山の活動と火成岩

本時のねらい

・火山岩と深成岩の観察を通して共通点や相違点を捉えることができる。
・前時までの学びをもとにそれぞれの成因について考察することができる。

本時の評価

・火山岩と深成岩を観察し、組織の違いを捉えて記録している。（知）
・火成岩と深成岩の組織の違いをマグマの冷え方と関連付けて考察している。（思）

準備するもの

・花崗岩と閃緑岩
・安山岩と玄武岩
・ルーペ
・第③時の結晶の写真

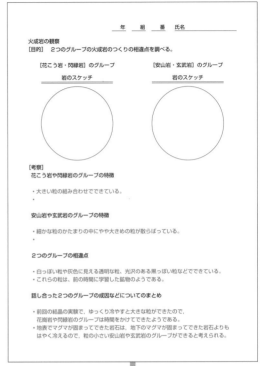

授業の流れ ▷▷▷

1 2グループの火成岩の観察とスケッチをする　〈20分〉

2つのグループの火成岩の相違点を見つけよう

白っぽい岩と黒っぽい岩があるね

粒の形に違いがあるね

観察

・花崗岩と安山岩を配るのみで違いを見いだすことは困難である。必ず第①時に観察した鉱物の復習を行い特に鉱物の色を思い出させておく（石英：無色、長石：ほぼ白色、黒雲母：黒色で薄く剥がれる等）。花崗岩がそれらの組み合わせであること（石英は灰色に見えるが透きとおっている）、安山岩は3色以上の大変細かい粒でできていることが分かればスケッチが可能となる。

2 スケッチのポイントとなる特徴を挙げて共有する　〈5分〉

どんな点を意識してスケッチしたのかあげてみよう

安山岩は…

花崗岩は大きい粒の組み合わせで、色の違いをかきわけました

・この後の話し合いの前に、観察結果をグループで確認し合い、全員が特徴を的確に捉えられるよう共有する時間を設ける。成因の違いについてこれまで学んだことを基に考察していく展開とする。
※スケッチする前に、花崗岩と閃緑岩、安山岩と玄武岩ではそれぞれが似た組織であるが色が異なるという共通点と相違点を把握しておく必要がある。

課題

2つのグループの火成岩のつくりの相違点を調べる。

復習：鉱物の特徴
　石英…無色透明
　長石…白色・薄桃色・薄黄色
　黒雲母…黒色でうすくはがれる。 **1**

火成岩のスケッチ
　2種類のグループに分けられる。
　・[花こう岩・閃緑岩]のグループA
　・[安山岩・玄武岩]のグループ　B

花こう岩と安山岩を特徴が
わかるようにスケッチしよう

●スケッチのポイントとなる特徴は？ **2**

【前回の実験の写真】

急に冷やした時

ゆっくり冷やした時

大きさが不ぞろいの細かい結晶

大きさがそろった大きめの結晶

3 前回の結晶の実験から火成岩の成因を考える。

火山とマグマの説明で話した2種類の岩石とはどちらのグループかを考える。

4 ①時で説明した岩石の違いを想起させる

火山の断面とマグマ

地表でマグマが固まってできた岩石

マグマだまり

地下のマグマが固まってできた岩石

---

3 それぞれの火成岩の成因を考察する　〈15分〉

机上の前回の実験の写真をもとに2つのグループの火成岩がどのようにできたか考えよう

冷やし方によって大きさが違ったね

4 関連付けたものを整理しまとめる　〈10分〉

マグマだまりを学んだとき、2種類の岩石があると言ったね。どちらの火成岩がどこでできるか考えよう

できる場所と冷え方に違いができるね

対話的な学び 　**関係付け**

・第③時の結晶の大きさについても授業の冒頭で復習し、机上に写真を置いておく。観察結果から粒の大きさの違いについて、前時の結晶の成因や、第①時で示した「火山の断面と深さの異なる2種類の岩石」のイラストとの関連を考察する。個人→ペア→グループと対話的な学習をして深めていく。

・スケッチ、花崗岩と安山岩の特徴の記載、前時の結晶などと結び付けた成因について、グループで話し合ったことを基に、ワークシートへ自分の言葉でまとめ上げていく。

※結晶の大きさとマグマの深さとの関連はヒントがなければ想像できない。前時までにマグマだまりについて学ぶ火山の断面を示す際、2種類の岩石の存在を示しておくことで自ら思考を深められる。

第 ⑤ 時

火山岩と深成岩のつくり

（本時のねらい）
・火山岩と深成岩の観察結果から、共通点や相違点を捉え、成因を見いだすことができる。

（本時の評価）
・火成岩と深成岩の組織の違いをマグマの冷え方と関連付けて考えをまとめ、表現している。（思）
・火山岩と深成岩の結晶の大きさについて、科学的に探究しようとしている。態

（準備するもの）
・前時のまとめ（ホワイトボード）
・火山岩（安山岩など）と深成岩（花崗岩）の拡大図
・PC（検索用）

課題
火山岩と深成岩のつくりについて発表しよう。

●発表の準備（5分） ◀ 1

2

| ホワイトボード 1班のまとめ | ホワイトボード 2班のまとめ |
| ホワイトボード 3班のまとめ | ホワイトボード 4班のまとめ |

共通点と相違点を教師がまとめる

（授業の流れ）▷▷▷

1 前時を振り返り、発表の準備をする 〈5分〉

含まれる鉱物によって火成岩の色が…

・前時にまとめた資料を使い、発表の分担など確認を行う。班で発表する際、全員が話せるよう分担させる。

2 前時に関連付け、整理したものを班ごとに発表する 〈20分〉

地下で時間をかけてゆっくり冷えるので大きな粒になっていくと思います

・プロジェクターを使うなど資料のまとめ方もクラスで共有する。
・発表を相互に評価できるシートなども配付するとよい。

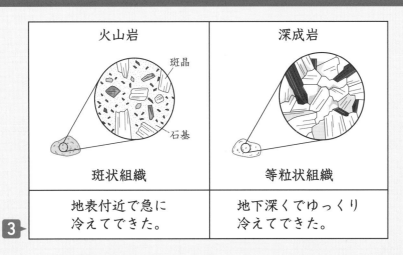

	深成岩	火山岩
白い ↑	花こう岩	（流紋岩）
↕	閃緑岩	安山岩
↓ 黒い	（斑れい岩）	玄武岩

石材としての活用例を
PCで調べてみよう。
・御影石　・黒御影
・本山崎石
・バサルトタイル

3 火山岩と深成岩について資料を
使ってまとめる　〈15分〉

斑晶といいます

拡大写真だと粒の
色や大きさがよく
分かりますね

関係付け

・火山岩3種、深成岩3種の計6種の火成岩を覚え
ることよりも、火山岩と深成岩の組織の違いと成
因についてしっかりまとめさせる。

4 石材としての身近な活用例を
調べる　〈10分〉

それぞれの火成岩がどのよ
うに使われているか調べて
みましょう

・御影石など身近な活用例を調べ、今後、街中や外
出先などでの興味につなげる。

第⑥時

地震によるゆれの伝わり方

本時のねらい

・地震がゆれ始めるまでの時間の場所による違いをもとに規則性を見いだすことができる。

本時の評価

・地震波と距離の関係をグラフで表し，初期微動継続時間と距離の関係について理解している。（知）

準備するもの

・色鉛筆
・定規

付録

課題

地震によるゆれの伝わり方を調べよう。

1

●教科書の実習ページの作業をする。
　（震央…震源の真上の地表）

1　色をぬり分ける。
2　色の境目に線を引く。

2

（結果例）
　・輪が広がっていく。
　・波紋のよう。

授業の流れ ▷▷▷

1 教科書の実習ページの色分け作業を行う　〈5分〉

ぬり分けた色の境目はどのような形になりましたか

同じ色の部分が中心に丸くかたまっているね

・震源の真上の地点（震央とよぶことを説明しておく）でも、震源までの深さがあるので、図の円の中心付近でも0秒ではない。

2 結果から考察する　〈10分〉

水にできる波紋のように広がりました

震央からの距離とゆれ始めの時間の関係は・・・

・等発震時曲線が同心円状になることを押さえておく。
・10秒、20秒の地点を結ぶと時間がかかるので、ぬり分けた色の境目に線を引くだけでも特徴は捉えることができ、考察できる。

地震…2つの波が発生し伝わる

最初の速い波 — P波

次 の 遅い波 — S波

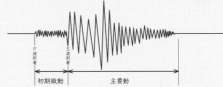

最初の小さなゆれ（カタカタ）— 初期微動（P波による）
次 の 大きなゆれ（ユサユサ）— 主 要 動（S波による）
P波到着からS波到着までの時間 — 初期微動継続時間

 3

兵庫県南部地震の記録　　1995 年 1 月 17 日 5 時

地点	震源から の距離	（初期微動が 始まった時刻） P波到着 時刻	（主要動が 始まった時刻） S波到着 時刻	初期微動 継続時間
神戸	×2 24km	46分56秒	46分59秒	×2 3秒
大阪	×2 49km	47分00秒	47分06秒	×2 6秒
舞鶴	×2 98km	47分08秒	47分20秒	×2 12秒
津	138km	47分14秒	47分31秒	17秒
福井	195km	47分23秒	47分47秒	24秒

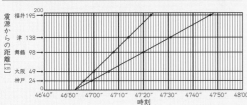

4

① P波到着時刻・S波到着時刻と震源から
の距離の関係をグラフに表す。

② 表の初期微動継続時間を記入する。

③ 地震の発生時刻をグラフからよみとる。

兵庫県南部地震は
<u>1995 年 1 月 17 日 5 時 46 分 52 秒に</u>
<u>発生した。</u>

---

3 ワークシートのグラフをかく 〈15分〉

地震が起きたときの様子を
思い出してみましょう

最初にカタカタと戸棚
がゆれるのを家族が気
付き、その後ユサユサ
と大きくゆれました

・ワークシートにある「初期微動」「主要動」「P波」
「S波」及び「初期微動継続時間」について説明し
ておく。

4 表やグラフから初期微動継続時間と震
源からの距離の関係を見いだす 〈20分〉

グラフからP波とS波は
同時に発生しています

距離が2倍、4倍になると、
初期微動継続時間の長さも
2倍、4倍になります

・グラフを完成させ、地震発生時刻を求める。

・P波とS波、どちらが先に発生するか問う。同時
に発生するが、速さが異なり到着時刻に差ができ
る。

第⑦時

地震の波と規模

(本時のねらい)
・地震の規模の表し方を知ることができる。

(本時の評価)
・P波とS波の特徴や，地震の規模の表し方を
　理解している。(知)

(準備するもの)
・コイルばね
・前回のワークシート
・マグニチュードの異なる2つの地震の震度
　分布の分かる資料
・大きな地震の映像資料や写真

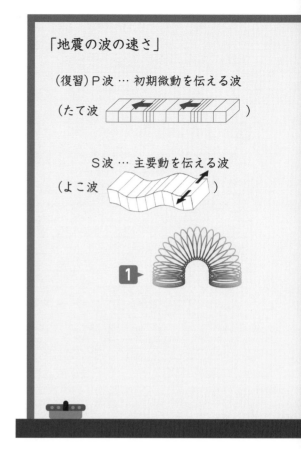

「地震の波の速さ」

(復習)P波 … 初期微動を伝える波

(たて波　　　　　　　　　　　)

　　　　S波 … 主要動を伝える波

(よこ波　　　　　　　　　　　)

1

(授業の流れ) ▷▷▷

1 P波とS波の違いを確かめる 〈5分〉

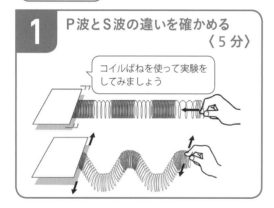

コイルばねを使って実験を
してみましょう

・コイルばね（長いもの：スリンキーという玩具が
　よい）をのばした状態で，上図を参考にゆらして
　見せる。手でゆらすと反対の端のコイルの上に
　紙を載せ両面テープで止めて地面に見立てると，
　S波の横波では紙が左右にユサユサとゆれるが，
　P波の縦波では紙がカタカタと小刻みにゆれ，主
　要動と初期微動のモデルとして示すことができる。
　（演示実験）

2 P波とS波の速さを求める 〈10分〉

前回のワークシートの数値か
らP波とS波の速さを計算し
てみましょう

距離÷時間ですね

地震発生が46分52秒，
195km 離れた福井にP
波が届いたのは47分23
秒だったから…

・苦手な生徒に向けて，2分10秒から1分50秒を引
　くなど，時間の計算の仕方を確認しておく。

地震の波と規模
200

課題

ワークシートの到着時間（到達時刻）を
もとに波の速さを計算してみよう。

2 P波の速さ

地震発生から福井に届くまで ___31___ 秒
（46′52″）（47′23″）

$$速さ = \frac{195 \ [km]}{31 \ [秒]} ≒ 6.3 \ [km／秒]$$

S波の速さ

地震発生から福井に届くまで ___55___ 秒
（46′52″）（47′47″）

$$速さ = \frac{195 \ [km]}{55 \ [秒]} ≒ 3.5 \ [km／秒]$$

「地震の規模」

マグニチュード……地震の規模
（エネルギーの大きさ）

○ 東北地方太平洋沖地震
　（東日本大震災）　　M 9.0
○ 兵庫県南部地震
　（阪神淡路大震災）　M 7.3
○ 関東地震・関東大地震
　（関東大震災）　　　M 7.9〜

震度……ある地点での地震による
　　　　　ゆれの大きさ
　震度０、１、２、３、４、５弱、
　５強、６弱、６強、７の１０段階

---

3 地震の規模について意見を
出し合う　　　　　〈15分〉

地震の「大きさ」の表し方を
知っていますか

震度ではないかな
マグニチュードとどう
違うのかな

マグニチュードの異なる２つの地
震で、震度分布を比べてみましょう

4 過去の大きな地震の規模や震度
階級について学習する　〈20分〉

大震災が起きた時は、
卒業式前の注意をして
いたところで…

高速道路のバスが…

・震度分布の資料を示す前に「先日起きたややゆれ
　の強かった地震」の経験と、遠くで起きた「大震
　災を引き起こした大地震」の際の地域のゆれを比
　べ、何が異なるのか考えさせる。
・マグニチュードはエネルギーの大きさを示してい
　て、 M 7.0→M 8.0の「1.0」の差で約32倍、
　M7.0→M9.0の「2.0」の差で約1000倍のエネル
　ギーの違いとなる。

・ここでは映像資料や写真、新聞記事などを示し、
　教師の経験や当時のニュースを見て感じたことを
　話すなど、当時の地域の様子を中心に展開すると
　よい。防災への備えにつなげたい。
・大地震には名称がつけられ、その際の被害を含め
　た震災全体の呼称とは異なる。

第 ⑧ 時

地震が起こるところ

本時のねらい

・世界の震源の分布の偏りの特徴を、海底地形図などにある海溝や海嶺と関連付けて考察することができる。

本時の評価

・震源（世界地図上の震央）や火山の分布について，海底地形やプレートの分布との関係を見いだし，考えをまとめ，表現している。思

準備するもの

・震源（震央）、火山の分布図
・海底地形図
・プレートの分布図
・地球の輪切りの図

付録

課題

地震や火山は、どのような場所に多いだろうか。

1

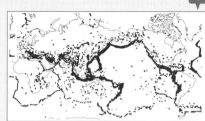

○ 地震の多い場所とは…

授業の流れ ▷▷▷

1 地球上の地震が多い場所を指摘する 〈10分〉

日本のすぐ東やチリとペルーのすぐ西の海岸沿いに多いね

大西洋の真ん中で北から南へ続く海底山脈などにも多いです

四大山脈にも地震が多いです

対話的な学び

・『世界の震央の分布図』と『世界の海底地形図』を見比べて、震央の集中している場所を指摘する。
・海溝、海嶺の言葉を指導しておく。
・班ごとに尋ねて発表させた後、大陸移動説の元となる大西洋中央海嶺やオーストラリア南極海嶺、日本海溝と千島海溝やチリ海溝、大山脈及び火山の多い場所を地形図で確認しておく。

2 プレートの境目と地震などの関係性を指摘する 〈10分〉

プレートの境目には、海溝と海嶺があります

アフリカ大陸の西岸、南アメリカ大陸の東岸、その間の大西洋中央海嶺の形を比べてみましょう

対話的な学び

・『プレートの分布図』との関連も指摘させる。
・ウェゲナーがアフリカ西岸と南米東岸の形が似かよって、さらに同じ化石が分布することから大陸移動説を提唱したこと、受け入れられなかったことなどに触れる。地球儀でオーストラリア南岸と南極大陸の弧の一致も示すとよい。

2 プレートの境には
海溝や海嶺がある。
↓
地震や火山が多い。
地震の震央の分布は
海溝・海嶺・大山脈
の分布と一致する。

4

	面積	活火山
日本	37万8000km²	約100
世界	1億5000万km²	約1500

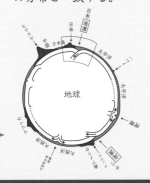

3

---

3 世界的なプレートの動きを知る〈15分〉

パンゲア（超大陸）が分裂し、南極と接していたインド半島のプレートは、ユーラシア大陸に衝突して大褶曲山脈を築きました

ヒマラヤのイエローバンドはそうやってできたのですね

4 日本付近のプレートに注目して、日本の地震や火山についてまとめる〈15分〉

こんなに地震や火山が多いのですね

だからイギリスのようなレンガ積みの建物が少ないのでしょう

・『地球の輪切りの図』で世界的なプレートの動きを説明する。「プレートは海嶺で生まれ、海溝で沈み込む」ことを押さえる（次時の展開で必要）。

・パンゲア（超大陸）の分裂、アフリカと南米と海嶺、オーストラリアと南極と海嶺、インドの大移動と大陸への衝突によるヒマラヤ山脈の形成などに触れる。

・プレートテクトニクス説の概要を説明する。

・4つのプレートの境となる国は日本のほかはインドネシアやパナマくらいで世界的に稀である。

・日本の国土は世界の土地の0.25%、世界の活火山1500程度のうち日本の活火山は100（世界の7%）。日本は地震と火山が非常に多い国である。

第⑨時

地震が起こる仕組み

(本時のねらい)
・日本付近の震源の分布と、海洋プレートの沈み込みを関連付けて捉えることができる。

(本時の評価)
・日本付近の震源の分布とプレートの動きを関連付けて理解している。知

(準備するもの)
・日本付近の震源の分布図
・前時で使用した地球の輪切りの図
・台所用スポンジ2つ

付録

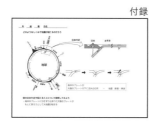

課題

どのようなしくみで地震が
起こるのだろう。

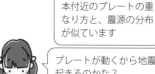

(授業の流れ) ▷▷▷

1 日本付近の震源の分布図の特徴について班内で共有する〈10分〉

> 浅いところにたくさんの震源が広がっています

> 太平洋側の浅いところから大陸側の深いところへ震源が続いています

・分布の特徴を言葉で示すことで、日本海側が深くなっているなど、的確に捉えられることが多い。「フ」や「フ」の字型の分布であることを押さえておく。

2 プレートが沈み込む動きと、震源の分布の関連を指摘する〈10分〉

> 地球の輪切りの図の日本付近のプレートの重なり方と、震源の分布が似ています

> プレートが動くから地震が起きるのかな？

・前時の地球の輪切りの図の日本付近のプレートに気付かせる展開とする。海洋プレートが沈み込んだ先ではマグマがつくられやすくなり、火山ができる。プレートの沈み込んだ海溝の少し先に、海溝に沿った火山が連なる。

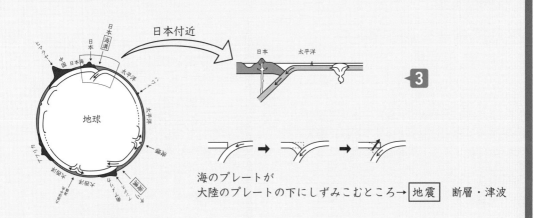

海のプレートが
大陸のプレートの下にしずみこむところ→ 地震 　断層・津波

海溝型地震：プレートの境が動いて起こる。
　2011　東北地方太平洋沖地震（→東日本大震災）　4
　1960　チリ地震 世界最大・日本まで津波到達
内陸型地震：プレート内部のひずみで起こる。
　1995　兵庫県南部地震（→阪神・淡路大震災）
　2008　岩手・宮城内陸地震

3　プレートの境目の地震について モデル図で仕組みを知る〈20分〉

海洋のプレートに引きずり込まれた大陸のプレートが元に戻ろうとして大地震が起きます

プレートの境で起きる地震を「海溝型地震」とよびます

・海洋プレートが大陸プレートの下に年間10cm程度でゆっくりと沈み込んでいく。引きずりこまれた大陸プレートの先端にひずみがたまり、80〜200年ぐらい経つと元に戻ろうとして跳ねあがり、地震となる。これを2つの台所用スポンジでモデル化して説明するとよい。こんにゃくを用いてゆれを確かめる事例もある。

4　プレート内部の活断層による 地震の仕組みを知る　〈10分〉

地表付近にできた断層は、プレートの動きにより再びずれて地震を引き起こすことがあります

活断層型地震または「内陸型地震」とよびます

・プレートの内部で活断層がずれることで起こるため、海溝型地震より規模は小さいが、地表付近で起こるため被害は大きくなる。
・阪神・淡路大震災を起こした兵庫県南部地震は内陸型地震、東日本大震災を起こした東北地方太平洋沖地震は海溝型地震である。

第①時

自然の恵みと火山災害

【本時のねらい】
・火山の恵みについて進んで調べ、噴火と災害について、学習したマグマの性質と火山噴火の様子と関連付けて考察することができる。

【本時の評価】
・火山や地震による恵みと災害について理解している。（知）
・火山及び地震の恵みと災害について、資料から読み取っている。思

【準備するもの】
・火山の噴火による被害の写真
・火山噴火の歴史の表
・火山灰（手で触る）

付録

【課題】
火山のある国に住む私たちが考えることは何だろうか。

火山の恵み
・温泉　　　　・湧き水や地下水
・地熱発電　　・鉱物の利用
・スキー場
・登山
・美しい景観

火山からは様々な恩恵を得ているため、火山の近くでの生活も必要となる。

【授業の流れ】▷▷▷

1　火山の恵みについて考える〈10分〉

私たちにとって火山から得られるものとはなんでしょうか？

火山鉱物などを利用しています

温泉などの湧き水！

【自然事象に対する気付き】
・火山は噴火すると危ないというイメージが強いが、学習したことを関連付けて「恵み」となる部分について考えが出るように発問する。

2　火山の災害について考える〈10分〉

それでは、火山による災害について考えてみましょう

火山灰の掃除が大変

溶岩流に家ごとのみこまれてしまう

・火山のもたらす災害について意見を出し合わせる。意見が出たところで写真を掲示し、そのスケールの大きさを実感させる。
・火山灰を直接触り、手が汚れることを実感させる。

火山がもたらす災害

・火山灰　・噴石　・火砕流　・火山ガス　・溶岩流

火山噴火の災害から身を守るために
・マグマの粘り気と噴火の規模

○火山の形と噴火の特徴から被害の種類や規模を理解し、ハザードマップを作成し、適切な避難ができるようにする。

過去の火山噴火について被害の状況が書かれたもの（表）

表17世紀以降の犠牲者百人以上の日本の火山災害			青ヶ島 (1785)	噴火	島民327人のうち 130〜140人死亡
火山人	災害要因	犠牲者数			
北海道駒ケ岳 (1640年)	山体崩壊 津波	沿岸で700余人が溺死	雲仙岳 (1792年)	山体崩壊 津波	死者約15,000人
渡島大島 (1741年)	山体崩壊 津波	北海道、青森県沿岸で1,467人が溺死	磐梯山 (1888年)	山体崩壊 泥流	死者477人
桜島 (1779年)	噴火 海底噴火	島民150余人、津波による犠牲者15人	伊豆鳥島 (1902年)	噴火	全島民125人死亡
浅間山 (1783年)	火砕流・泥流	死者1,151人	十勝岳 (1926年)	泥流（融雪）	死者・行方不明者144人

3　災害から守るためにはどうすればよいか話し合う　〈20分〉

噴火の歴史から考えられることを話し合いましょう

盛り上がる火山は被害が大きいね

粘り気が小さいと溶岩がたくさん流れます

■ 対話的な学び

・単元で学習したことをまとめる。
・火山噴火の歴史の資料を掲示、または配付し、噴火の被害の規模について考えさせる。その際に、火山の形と粘り気について学習したことを生かして話し合わせる。

4　火山のある地域で暮らすために考えるべきことをまとめる　〈10分〉

これまでの噴火の歴史と火山の特徴からハザードマップを作成できますね

・実際に作られている火山噴火のハザードマップで、避難をし、死者が出なかった例を説明したり、ビデオを見せたりする。
・噴火したとき、家族が一緒にいるとは限らないので、家や学校、友達と外にいるときなどあらゆる場面を想定して話し合っておくように促し、意識を高める。
・感想から防災への意識を読み取る。

第 ② 時

地震

【本時のねらい】
・地震災害が起こることを理解し、地震と災害について、学習した地震のメカニズムに関連付けて考察することができる。

【本時の評価】
・火山及び地震の観察・実験などに関する技能を身に付けている。知
・火山及び地震の恵みと災害について整理しようとしている。態

【準備するもの】
・地震の災害を示す写真
・液状化現象の写真やイラスト
・津波のメカニズムに関するイラスト

付録

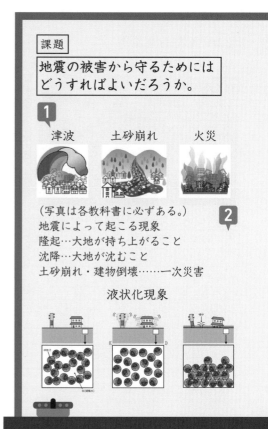

課題
地震の被害から守るためにはどうすればよいだろうか。

津波　　土砂崩れ　　火災

（写真は各教科書に必ずある。）

地震によって起こる現象
隆起…大地が持ち上がること
沈降…大地が沈むこと
土砂崩れ・建物倒壊……一次災害

液状化現象

【授業の流れ】▷▷▷

1　地震被害について話し合う　〈10分〉

地震によって起こる被害について考えましょう

土砂災害！

建物倒壊！

津波！

火災！

・地震によって起きた被害の写真を数多く用意する。土砂災害、建物倒壊のような一次災害と津波・火災のような2次災害について出てくるように話し合わせる。
・資料については、図書館・博物館、科学館やジオパークなどを利用したり、大学の防災研究機関や気象庁や地方の気象台などから情報を得ることもできる。

2　地震によって起こる現象をまとめる　〈10分〉

大地が持ち上がったり、沈んだりします。また、液状化現象なども起きます。海底が震源地の場合、津波が発生する場合があります

・地盤沈降の分かる写真を沈降前のものと比較して掲示する。
・津波については、実際に家屋や車が流されている動画を見せる。中には人物と思われる映像もあるため、中学生にはショックも大きいので注意する必要がある。動画は、教師が最後まで必ずチェックしてから見せること。

津波・建物火災・・・二次災害
津波のメカニズム

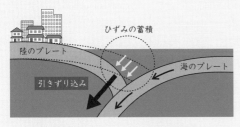

ひずみの蓄積

陸のプレート　　　　　　海のプレート
引きずり込み

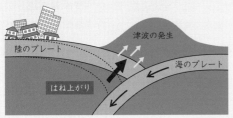

津波の発生
陸のプレート　　　　　　海のプレート
はね上がり

3 地震災害から守るために
学習したこと
・地理や地形について
・地震が発生する理由
・地震の伝わり方
身を守るためにできること
・防災マップの作製
・緊急地震速報
・耐震グッズ
　（揺れ防止マットや家具転倒防止伸縮棒
　など）

4

考察
・住んでいる地域の地理や地形を理解する
　ことで、危険な場所を把握し、防災マッ
　プを作成するとよい。
・主要動が遅れて伝わる仕組みを生かし
　て、緊急地震速報を活用する。遅れてく
　る時間は短いから何をすべきか、行動計
　画を考える。
・地震のゆれ方を検証して、耐震補強につ
　いて検討するとよい。

3 地震災害から守るためにはどう
すればよいか話し合う　〈20分〉

> ハザードマップで、自分が
> 住んでいる町について調べ
> るのがいいです

> 耐震のためのツッパリ棒や
> 粘着マットで家具や家電を
> 守ります

▶ **対話的な学び**

・単元で学習したことをまとめる。
・学校では安全指導や避難訓練などを慣習的に行っ
　ている。また防災教育は他教科とも関連して行っ
　ているので結び付けたい。道徳科でも大震災を
　扱った「生命の尊重」を内容項目とした題材にお
　いて地震や火山を結び付けて考えさせるとよい。

4 地震のある地域で暮らすために考え
るべきことをまとめ発表する　〈10分〉

> 防災マップを作成するために
> は、地域の住んでいる場所に
> ついての地理や地形について理解
> する必要があると思います

> 主要動は遅れてくるから、
> 緊急地震速報などで初期に
> できることを考えておくこ
> とができると思います

▶ **考察・推論**

・防災グッズに視点を当て、身近なところではどの
　ような工夫をしているか話し合わせる。
・ねらいは地震のメカニズムに関連付けて考察させ
　ることにある。今までの学習がどのように生かせ
　るかを発表させるように指導する。

編著者・執筆者紹介

[編著者]

山口　晃弘（やまぐち・あきひろ）　　東京都品川区立八潮学園校長

平成16年　文部科学省・中央教育審議会専門委員
平成23年　国立教育政策研究所・評価規準、評価方法等の工夫改善に関する調査研究協力者（中学校
　　　　　理科）
平成29年　文部科学省・学習指導要領等改善検討協力者（中学校理科）
令和2 年　全国中学校理科教育研究会・会長
主な著書に、『中学校理科授業を変える課題提示と発問の工夫50』（明治図書、2015）『新学習指導要領
対応！中学校「理科の見方・考え方」を働かせる授業』（編著、東洋館出版社、2017）『中学校理科室ハ
ンドブック』（編著、大日本図書、2021）などがある。

髙田　太樹（たかだ・たいき）　　東京学芸大学附属世田谷中学校教諭
前川　哲也（まえかわ・てつや）　　お茶の水女子大学附属中学校教諭
新井　直志（あらい・なおし）　　筑波大学附属中学校主幹教諭
上田　　尊（うえだ・たける）　　東京都練馬区立開進第四中学校主幹教諭

[執筆者] ＊執筆順。所属は令和 3 年 2 月現在。

山口　晃弘	（前出）	●まえがき ●資質・能力の育成を目指した理科の授業づくり ●第 1 学年における授業づくりのポイント
髙田　太樹	（前出）	●1　光と音
坪田　智行	岡山大学教育学部附属中学校教諭	●2　力の働き
前川　哲也	（前出）	●3　物質のすがた
宮永　友梨	群馬県板倉町立板倉中学校教諭	●4　水溶液
後藤　美岐	元沖縄県竹富町立波照間中学校教諭	●5　状態変化
新井　直志	（前出）	●6　生物の観察と分類の仕方 ●7　生物の体の共通点と相違点
森岡　　啓	関西学院千里国際中等部・高等部教諭	●6　生物の観察と分類の仕方
和田亜矢子	筑波大学附属中学校教諭	●7　生物の体の共通点と相違点
宇田川麻由	筑波大学附属駒場中・高等学校教諭	●7　生物の体の共通点と相違点
上田　　尊	（前出）	●8　身近な地形や地層、岩石の観察／ 　　地層の重なりと過去の様子 ●9　自然の恵みと火山災害・地震災害
牧野　　崇	東京都豊島区立駒込中学校副校長	●9　火山と地震

板書で見る全単元・全時間の授業のすべて
理科 中学校 1 年
～令和 3 年度全面実施学習指導要領対応～

2021（令和 3）年 3 月 12 日　初版第 1 刷発行

編 著 者：山口晃弘・髙田太樹・前川哲也・
　　　　　新井直志・上田　尊
発 行 者：錦織圭之介
発 行 所：株式会社東洋館出版社
　　　　　〒113-0021　東京都文京区本駒込 5 丁目16番 7 号
　　　　　営 業 部　電話 03-3823-9206　FAX 03-3823-9208
　　　　　編 集 部　電話 03-3823-9207　FAX 03-3823-9209
　　　　　振　　替　00180-7-96823
　　　　　Ｕ Ｒ Ｌ　http://www.toyokan.co.jp

印刷・製本：藤原印刷株式会社
編集協力：株式会社ダブルウイング

装丁デザイン：小口翔平＋加瀬　梓（tobufune）
本文デザイン：藤原印刷株式会社
イラスト：池田　馨（株式会社イオック）

ISBN978-4-491-04370-8　　　　　　　　　　Printed in Japan